朝日新書
Asahi Shinsho 927

# 日本三大幕府を解剖する

## 鎌倉・室町・江戸幕府の特色と内幕

河合　敦



朝日新聞出版

# はじめに

本書は、三つの幕府（武家政権）の組織や制度をわかりやすく解説した本である。

初めて武家政権を創り上げたのは源頼朝《みなもとのよりとも》だが、幕府は当時、「関東」や「鎌倉殿」と呼称され、歴史用語としての鎌倉幕府が一般に広まるのは明治中期になってからのことだ。

もともと幕府という名称は古代の中国に由来し、出征中の将軍の陣所をさした。日本では奈良時代に新設された近衛府《このえふ》（天皇に近侍する直属軍）を幕府と呼んだが、それが近衛大将、さらに征夷大将軍《せいいたいしょうぐん》の居所を意味するようになり、やがて武家政権を表す言葉になったのだ。

鎌倉幕府の頂点には将軍がいるが、頼朝の血筋である源氏将軍は三代で途絶え、その後は摂関家出身の摂家（藤原《ふじわら》）将軍が二代、皇族将軍が四代続いたが、執権《しっけん》の北条《ほうじょう》一族が幕府の実権を握った。幕府は鎌倉を拠点とし、中央組織として侍所《さむらいどころ》・政所《まんどころ》・問注所《もんちゅうじょ》を設け、各国には守護を配置して警察・軍事権を握った。将軍と御家人《ごけにん》（幕府配下の武士）は御恩と奉公の関係で強く結ばれ、武士に適用する成文法・御成敗式目《ごせいばいしきもく》（貞永式目《じょうえい》）が制定された。ただ、幕府は唯一の政治権力とはいえず、鎌倉時代を通じて朝廷や寺社勢力も大きな政治力をもっていた。

鎌倉幕府を倒した後醍醐《ごだいご》天皇の建武《けんむ》政府を崩壊させたのは、源氏の名族である足利尊氏《あしかがたかうじ》・直義《ただよし》兄弟で、彼らは京都に武家政権を樹立した。後の室町幕府だ。ただ、半世紀以上も南朝（後醍醐が吉野《よしの》に樹立）との抗争に明け暮れ、幕府の力は全国に及ばなかった。

京都室町に壮麗な邸宅をつくった三代義満《よしみつ》のとき、南北朝合一が実現し（一三九二）、幕府権力は公武にまたがる全国的なものとなった。室町幕府の組織や制度は基本的に鎌倉幕府のそれを踏襲したが、違いも少なくないので、それについては本文で詳述したい。

六代将軍義教《よしのり》が暗殺され、幼い将軍が二代続いたことで、将軍の側近や有力な守護大名が政治を握るようになり、応仁《おうにん》の乱や明応《めいおう》の政変をへて将軍家は分裂、地方には戦国大名が勃興、幕府の力は畿内《きない》にしか及ばなくなった。一時、織田信長《おだのぶなが》が足利義昭《よしあき》を奉じて幕府を再興したが、やがてその信長が義昭を京都から追放したことで室町幕府は消滅した。

その後、豊臣秀吉《とよとみひでよし》が関白となって朝廷の威光を背景に政権を樹立したが、関ヶ原《せきがはら》合戦で覇権を握った徳川家康《とくがわいえやす》は、将軍となって江戸に政権を開く道を選んだ。ただ、江戸幕府の職制は、家康の三河《みかわ》時代以来の家政機関をもとにしており、鎌倉・室町幕府とは大きく異なる。しかも幕府の組織が整備されたのは三代家光《いえみつ》のときだった。江戸幕府は初の全国的な武家政権であり、大名や朝廷、寺社などを徹底的に統制したが、大名の藩政には基本的に口を出さなかった。この幕藩体制は、およそ二百六十年間も続き、人びとは平和な暮らしを謳歌《おうか》した。

ところで近年は、鎌倉時代や室町時代が大いに注目され、人気になっている。NHKの大河ドラマ「鎌倉殿の13人」も鎌倉時代が舞台だった。今後ますますこの時代を題材にした歴史小説やドラマが登場してくるだろう。だが、そうした作品に手を出すことにためらいを覚える方も少なくないはず。おそらくそれは、基本的な時代背景をよく知らないからだと思う。鎌倉幕府の得宗《とくそう》、室町幕府の管領《かんれい》が登場しても、その地位や役職を理解していなければ、物語のなかにすんなり入っていけない。そこで本書は、そうした歴史エンターテインメントを楽しみたい方のために、三幕府の組織や制度、法律をわかりやすくまとめてみた。ぜひともご一読いただければと願っている。

河合　敦

# 日本三大幕府を解剖する

鎌倉・室町・江戸幕府の特色と内幕

## 目次

## 第三部　江戸幕府
## 史上初めて日本全国に権力を浸透させるも、領国支配には介入せず　179

図版／フロッグキングスタジオ

第一部

# 鎌倉幕府

## 鎌倉殿と東国武士団が御恩と奉公で結ばれた史上初の武家政権

# 鎌倉幕府の職制と権力推移

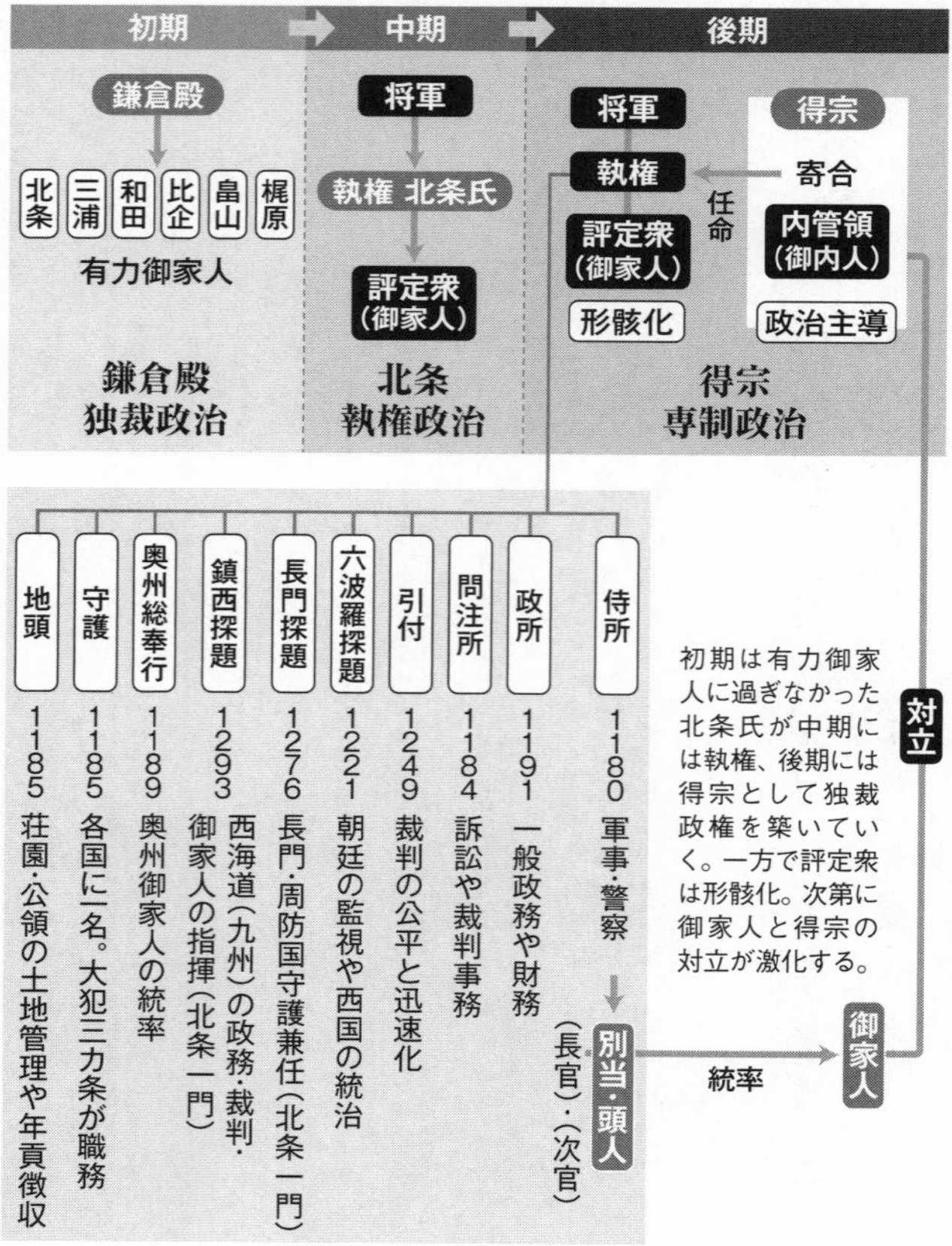

初期
中期
後期
鎌倉殿
北条
三浦
和田
比企
畠山
梶原
有力御家人
鎌倉殿
独裁政治
将軍
執権 北条氏
評定衆（御家人）
北条
執権政治
将軍
執権
評定衆（御家人）
形骸化
任命
得宗
寄合
内管領（御内人）
政治主導
得宗
専制政治
地頭
1185 荘園・公領の土地管理や年貢徴収
守護
1185 各国に一名。大犯三カ条が職務
奥州総奉行
1189 奥州御家人の統率
鎮西探題
1293 西海道（九州）の政務・裁判・御家人の指揮（北条一門）
長門探題
1276 長門・周防国守護兼任（北条一門）
六波羅探題
1221 朝廷の監視や西国の統治
引付
1249 裁判の公平と迅速化
問注所
1184 訴訟や裁判事務
政所
1191 一般政務や財務
侍所
1180 軍事・警察
別当・頭人
（長官）・（次官）
統率
御家人
対立
初期は有力御家人に過ぎなかった北条氏が中期には執権、後期には得宗として独裁政権を築いていく。一方で評定衆は形骸化。次第に御家人と得宗の対立が激化する。

※「歴史道」vol.24の図版を基に作成

# 第一章　「鎌倉幕府の成立」

## 鎌倉幕府の成立年は「イイクニ」から「イイハコ」へ

伊豆《いず》の流人《るにん》であった源頼朝《みなもとのよりとも》は、源平の争乱（治承《じしょう》・寿永《じゅえい》の乱）を制して平氏、さらに奥州《おうしゅう》藤原《ふじわら》氏を滅ぼし、朝廷の勢力をしのぐ日本初の武家政権を樹立した。これが鎌倉幕府である。

もともと幕府は、中国において遠征中の将軍の陣営を意味したが、平安時代になって日本では近衛大将《このえのだいしょう》（宮中の警護を司る武官の最高職）の居館をさすようになった。武家政権を意味する用語に転じたのは、頼朝以降のことである。

しかも、「鎌倉幕府」という語句は、同時代どころか、江戸時代になってもほとんど登場しない。歴史用語として一般化するのは、明治時代中期のことなのである。鎌倉時代当時は、鎌倉幕府のことを「関東」などと呼ぶのが一般的だった。

ところで、鎌倉幕府といえば、その成立年を語呂合わせで「イイクニ（一一九二年）つくろう、鎌倉幕府」と暗記した方も多いはず。しかし近年は、「イイハコ（一一八五年）つくろう鎌倉幕府」と学校で教えているという言説がたびたびマスコミで語られるようになった。

実際、高校日本史の教科書として最大のシェアを誇る『詳説日本史B』（山川出版社　二〇二二年）の記述を見てみよう。

「1185（文治《ぶんじ》元）年、平氏の滅亡後、頼朝の支配権の強大化を恐れた（引用者注・後白《ごしら》河《かわ》）法皇が義経《よしつね》に頼朝追討を命じると、頼朝は軍勢を京都に送って法皇にせまり、諸国に守護を、荘園《しょうえん》や公領には地頭を任命する権利や1段当たり5升の兵糧米《ひょうろうまい》を徴収する権利、さらに諸国の国衙《こくが》（現在でいえば県庁のようなもの）の実権を握る在庁官人《ざいちょうかんじん》を支配する権利を獲得した。こうして東国を中心にした頼朝の支配権は、西国にもおよび、武家政権としての鎌倉幕府が確立した」

守護、地頭、荘園、公領（国司が支配する土地）、国衙、在庁官人など、ややこしい言葉がいくつも登場するが、わかりやすく説明しよう。この年、頼朝は平氏を壇《だん》の浦《うら》で滅亡させた。第一の殊勲者は弟の義経だったが、彼が勝手な行動をしたことで、頼朝は義経と対立関係に入った。

すると後白河法皇は義経の求めに応じて頼朝追討の院宣《いんぜん》（命令）を出したのである。結局、義経は挙兵に失敗して逃亡したが、怒った源頼朝は舅の北条時政《ほうじょうときまさ》に兵を与えて上洛させ、朝廷に対し「自分の家来を守護や地頭という役人として全国に配置すること」「各地から兵糧米を集めること」「諸国の国衙の役人を支配すること」など要求、これを認めさせたのである。このように頼朝が大きな権限を獲得した一一八五年をもって、武家政権としての鎌倉幕府の成立と定義しているわけだ。

確かに山川出版社の教科書では、鎌倉幕府の成立は「イイクニ」から「イイハコ」に変わっているのである。

## 修学の途中で変わってしまう成立年

だが、実教出版の『日本史B』（二〇一八年）は、一一八五年説は記しておらず、「1192（建久《けんきゅう》3）年、後白河法皇の死後に頼朝は待望の征夷大将軍に任命され、名実ともに鎌倉幕府が東国の新天地を拠点として成立した」とある。清水書院の『高等学校日本史B』（二〇一六年）も「1192年には征夷大将軍に任じられ、鎌倉幕府が名実ともに確立した」とあり、さらに東京書籍の『新選日本史B』も「1192（建久3）年、後白河法皇はなくなり、頼朝は征夷大将軍に任じられた。これ以後、この職は江戸時代の末にいたるまで長く武士の長の指標となり、ここに鎌倉幕府が名実ともに成立した」とある。じつは山川出版社以外の教科書は、まだ「1192年に名実ともに鎌倉幕府が成立した」と書いてあり、むしろ、こちらのほうが多数派なのだ。

とはいえ、山川出版社の教科書は日本史を学ぶ過半数の生徒が使用しているので、今の高校生の多くは、一一八五年説で鎌倉幕府の成立を学んでいるのだ。

では、中学校の歴史教科書は、どのように記されているのだろうか。

山川出版社の『中学歴史　日本と世界』は、高校の教科書同様、一一八五年を鎌倉幕府の成立と記し、一一九二年は単に頼朝が征夷大将軍になった年として紹介しているが、帝国書院、日本文教出版、教育出版の三社は一一八五年を幕府の成立年とは記していない。かといって一一九二年とも明言していない。一一九二年はあくまで頼朝が征夷大将軍になった年だと記し、そのあとになんとなく鎌倉幕府が成立したような書き方をしている。つまり、成立年をぼかしているのだ。

ところが、中学校の歴史教科書で最大のシェアを誇る東京書籍の教科書（『新しい社会歴史』）には、なんと、一一八五年に鎌倉幕府が開かれたと明記されている。

そうなってくると、やはり中学生の多数が一一八五年に鎌倉幕府が成立したと習うわけだ。ならばもう、「イイハコつくろう鎌倉幕府」で良いではないかと思ったかもしれないが、ことはそう単純ではない。

小学校社会科の新しい教科書を見てみると、同じ東京書籍の『新しい社会6　歴史編』には次のように書かれている。

「平氏を倒した頼朝は、朝廷にせまって、家来となった武士（御家人）を地方の守護や地頭につけ、大きな力をもつようになりました。そして、1192年、武士のかしらとして朝廷から征夷大将軍（将軍）に任じられました。頼朝が鎌倉（神奈川県）に開いた政府を、鎌倉幕府といいます」

家臣を守護・地頭にしたことは出てくるが一一八五年という年は登場しない。しかも一一九二年は明記されているので、全体として一一九二年に鎌倉幕府が成立したように解釈できてしまう。これは、日本文教出版や教育出版の教科書も同じだった。

つまり小学校では、鎌倉幕府の成立を一一九二年と習い、中学校や高校で一一八五年と習う子が多数を占めているのが現状なのだ。このように小学校と中学・高校で、鎌倉幕府の成立年が変わってしまうというのはいかがなものだろうか。

ただ、安心してほしいのは、大学共通テストだけに限らず、入試で年号を問う問題を出すような学校は今やほとんど無いということだ。とくに鎌倉幕府のように教科書によって成立年が違っているような場合はなおさらだ。

## 鎌倉幕府の成立年をめぐる諸説

前項で見たように、教科書によって鎌倉幕府の成立年が異なるのは、通説が存在しないからである。何をもって武家政権の誕生と見なすのか、学者の間で見解の統一ができていないのが現状なのだ。

この件に関しては、教科書のコラムにも取り上げられている。二〇二三年四月から高校で日本史探究という日本史通史を学ぶ新しい科目が誕生した。そのうち実教出版の教科書(『日本史探究』二〇二三年)のコラムを紹介しよう。

「鎌倉幕府の成立については諸説がある。

①1180年　頼朝が南関東を制圧

②1183年　寿永二年十月宣旨《せんじ》によって東国支配権が公認

③1185年　文治勅許《ちょっきょ》によって守護地頭を設置

④1190年　右近衛大将に任命
⑤1192年　征夷大将軍に任命
鎌倉幕府を武士の軍事政権と考えるなら①③が有力となるが、朝廷とのかかわりを重視するなら、②や③〜⑤説となる。そのほか、幕府の成立を特定の時期に求めるのではなく、幕府の性格の段階的変化を重視する考えもある」

教科書のコラムということで字数の制約もあり、説明が少々わかりづらいと思うので、これに解説を加えつつ、鎌倉幕府成立年をめぐる諸説を紹介していこう。

一一八〇年説は、以仁王《もちひとおう》の平氏打倒を命じた令旨《りょうじ》に呼応し、頼朝が挙兵した年。いったんは石橋山《いしばしやま》の戦いで敗れたが、その後、房総半島に渡って勢力を拡大し、富士川《ふじかわ》の戦いで平氏の大軍を敗走させた。

この頃頼朝は鎌倉の地を拠点とし、御家人《ごけにん》（頼朝に従う武士）を統率する侍所《さむらいどころ》を設置、別当《べっとう》（長官）に和田義盛《わだよしもり》を任じた。こうして南関東は頼朝の勢力下に入ったのである。これを軍事政権（幕府）の誕生と考えるのが一一八〇年説だ。

続く一一八三年説だが、同年、木曽義仲《きそよしなか》率いる軍勢が京都に迫ると、平氏一門は安徳《あんとく》天皇を連れて西国へ落ちた。代わって都を制した義仲だが、やがて後白河法皇と次の皇位継承者をめぐって対立するようになる。しかも義仲には、都の治安を維持する能力が欠如していた。このため後白河や朝廷は、義仲勢を駆逐する軍事力として頼朝に期待し、寿永二年十月宣旨を発し、東国の支配権を正式に認めたのである。宣旨では、東国の荘園・公領の税を朝廷に納入するよう命じている。

頼朝は朝廷（平氏政権）に対する反乱軍ゆえ、支配下に置いた地域の荘園・公領の貢租は京へ送っておらず、勝手に部下を惣追捕使《そうついぶし》（後の守護）などに任じていた。同年、平氏が制圧した西国からの税の未納が予測されたので、このままの状況では、都の皇族や貴族にとって死活問題になってくるので、納税を命じたのだ。ともあれ、頼朝が宣旨によって東国の支配権を獲得したことを幕府の成立ととらえる説である。

なお、コラムには載っていないが、一一八四年説も存在する。この年、鎌倉には大江広元《おおえのひろもと》を別当とする公文所《くもんじょ》が開設され、一般政務や財政をになうようになった。同じく三善康信《みよしやすのぶ》を執事として訴訟や裁判事務を担当する問注所《もんちゅうじょ》が置かれた。このように侍所に加えて公文所・問注所といった政治機構が整ったことをもって幕府の成立と考える説である。

一一八五年説についてはすでに前項で述べており、守護・地頭については後に詳しく扱うので、ここでは割愛する。

一一九〇年説は、頼朝が朝廷から右近衛大将に任命されたことを幕府の成立ととらえる説である。前年、奥州藤原氏を滅ぼした頼朝は、三十年ぶりに京都へ入り、後白河法皇と対面する。このおり頼朝は朝廷から権大納言に叙され、さらに右近衛大将に任官した。この職は武官としての最高職であったことから、これをもって幕府の成立と説くわけだが、頼朝はすぐにこの両職を辞している。共に都に在留して朝廷に奉仕しなくてはならない職なので、在職し続けると鎌倉へ戻れなくなってしまうからだった。ちなみにこのとき頼朝は、自分を征夷大将軍に任じてくれるよう強く朝廷に依願したが、後白河法皇が難色を示したので実現しなかったといわれている。だが、これについては近年、新しい史料が発見され、誤りだったことが証明された。それに関しては別項で詳しく述べるつもりだ。

## いくつかの段階を踏んで成立した説

このように諸説がある鎌倉幕府の成立年だが、ある年を成立の画期とするのではなく、段階を踏んで確立していったとする考え方もある。たとえば川合康氏は、成立の三段階を想定し、次のように述べている。

「第一段階は、治承四年（一一八〇）八月の挙兵以後、頼朝が朝廷に敵対したまま、敵方所領没収や惣追捕使の設置を推し進め、東国の反乱軍の軍事体制として、鎌倉幕府権力が形成された段階である。第二段階は、寿永二年（一一八三）十月宣旨によって、東国で形成された幕府権力がそのまま朝廷から追認され、木曽義仲軍や平氏軍との戦争の進展にともなって、惣追捕使・荘郷地頭・御家人制などが西国にまで拡大した段階である。第三段階は、平氏一門の滅亡、義経・行家《ゆきいえ》の没落により、内乱が終息するなかで、戦時に形成された幕府権力を平時に定着させる頼朝の政治が展開した段階である。全国から御家人を総動員し、頼朝自らそれを率いた文治五年（一一八九）の奥州合戦や、建久三年（一一九二）七月の頼朝の征夷大将軍任官と将軍家政所下文《まんどころくだしぶみ》への切り替えなどは、鎌倉殿の権威を確立し、御家人との主従関係を再編・明確化しようとするものであったと思われる。

鎌倉幕府は、このような三段階を経て実質的に形成されたのであり、どこか一つの時点を切り取って論じてみても、幕府の歴史的性格を十分に理解することはできないのである」（『院政期武士社会と鎌倉幕府』吉川弘文館　二〇一九年）

次にユニークな説を一つ紹介しよう。

## なぜ源頼朝は、朝廷に「大将軍」になることを求めたのか

源頼朝が任じられた征夷大将軍とは、もともと朝廷に従わない蝦夷《えみし》を平定するために派遣された遠征軍の軍事司令官の称であった。平安時代初期に叙された坂上田村麻呂《さかのうえのたむらまろ》が良く知られている。

鎌倉幕府の正史である『吾妻鏡《あずまかがみ》』によれば、頼朝は自ら征夷大将軍になることを強く朝廷に求めたが、後白河法皇の反対にあって阻まれ続けてきたという。だから念願が叶うのは法皇の死後のことであった。

ところがこの通説は、櫻井陽子氏の「頼朝の征夷大将軍任官をめぐって――『三槐荒涼抜書要《さんかいこうりょうぬきがきのかなめ》』の翻刻と紹介――」(『明月記研究』九号　二〇〇四年)という論稿によってあっけなく覆ってしまう。

櫻井氏は、頼朝と同時代の公卿《くぎょう》の日記の抜粋である『三槐荒涼抜書要』の記述から、頼朝が朝廷に求めたのは征夷大将軍ではなく「大将軍」の地位だったことを突き止めたのである。

このため朝廷では、頼朝に与える称号として「惣官」、「征東大将軍」「征夷大将軍」、「上将軍《じょうしょうぐん》」の四案を検討した。その過程で、壇の浦で敗れて捕虜となった平宗盛《たいらのむねもり》の就いた「惣官」、頼朝に滅ぼされた木曽義仲の「征東大将軍」は不吉だということで除外された。

残った「上将軍」も、中国にはあるが日本に前例がないということで却下され、最終的に坂上田村麻呂の「征夷大将軍」が吉だとし、頼朝を「征夷大将軍」に任官したのである。

川合康氏（『院政期武士社会と鎌倉幕府』）は、頼朝にとって重要だったのは征夷大将軍になることではなく、「将軍」に勝る「大将軍」にふさわしい地位に就くことであったとする。

その理由を語る前に、奥州藤原氏を滅ぼした奥州合戦について言及したい。

川合氏は、頼朝ははじめから源氏の棟梁と認識されていたわけではなく、自ら貴種性を演出する必要があり、その一つが奥州合戦だったとする。この戦いは、平氏との戦いと異なり、頼朝が自ら出陣した戦いであり、東国だけでなく西国諸国の武士にも動員をかけている。

川合氏は、奥州合戦を「鎌倉殿頼朝と全国の御家人との主従関係をこの時点で明確化し、唯一の武家の棟梁であることを武士たちに確認させる頼朝の『政治』の一環であった」（前掲書）と論じる。この奥州合戦は、頼朝の先祖である源頼義《よりよし》が前九年合戦で安倍貞任《あべのさだとう》を討った過程を再現していることがわかっている。

川合氏は、「鎮守府《ちんじゅふ》将軍源頼義は、鎌倉に軍事権力を樹立した頼朝にとって最も崇拝すべき『祖宗』」（前掲書）であり、頼朝の先祖「河内《かわち》源氏の歴史のなかで最も輝かしい武功」

（前掲書）ゆえ、「動員した御家人にこの『前九年合戦』を追体験させ、頼義の武功を強烈に認識させるとともに、頼義の正統的後継者として自らを位置づけることによって、唯一の武家の棟梁としての権威を確立」（前掲書）しようとしたのだとする。

さて、先ほどの頼朝が「大将軍」を求めた理由に戻ろう。

もう予想がつくと思うが、ようするに頼朝は、鎮守府将軍源頼義の「将軍」を凌駕する「大将軍」になりたかったのである。こうして「近世までも貫く武家政権の首長をあらわす征夷大将軍は、このように鎮守府将軍源頼義の権威を継承する地位として歴史的に生み出されてきたのである」（前掲書）。

ただ、鎌倉殿と呼ばれた源頼朝が、就任当時から征夷大将軍として御家人たちに広く認知されていたわけではなかったようだ。

岩田慎平氏によれば、「『吾妻鏡』編纂時までに「鎌倉殿＝征夷大将軍」であり頼朝こそがその初代であったのだという認識が定着していく」（「頼朝の征夷大将軍就任をめぐる『平家物語』と『吾妻鏡』—『吾妻鏡』建久三年七月二十六日条・二十九日条について—」『立命館文學』六五四号　二〇一七年）とあり、それはつまり鎌倉時代末期の一三〇〇年前後のことなのだ。

いずれにせよ、頼朝は自分が武家の棟梁・源氏の嫡流であり、大将軍だということを強くアピールした。その狙いは、当時の武士たちが己の身分が低かったゆえに、貴種や朝廷の高い位階に強い憧れを抱いていたからである。単に人格やリーダーシップだけでは、武士たちを率いるのは困難だったのだ。

# 第二章　「鎌倉幕府のしくみ」

## 鎌倉殿と御家人――御恩と奉公の関係

鎌倉幕府の中核は、鎌倉殿と呼ばれた源頼朝と主従関係を結んだ武士（主に東国武士）たちの、個々の人間関係によって成り立っていたと言ってよい。良く知られているように、両者は御恩と奉公の関係で結びついている。

御家人は、頼朝に対して奉公を尽くすことが義務とされた。具体的にいえば、戦が起こったとき、頼朝のために命を捨てて戦うのである。また平時においても、朝廷のある京都を警固したり（京都大番役《おおばんやく》）、頼朝のいる鎌倉を警備したり（鎌倉番役）、内裏《だいり》や幕府の施設・寺社の修繕をおこなった（関東御公事《おんくじ》）。

とくに京都大番役は、奉公とは別の意図も隠されていた。あえて頼朝は、この仕事を公的なものとして朝廷に承認させ、西国の武士たちにまで適用し、西国御家人の組織化をはかったのである。

意外に思うかも知れないが、頼朝が奥州藤原氏を倒して唯一の強大な軍事力になった後も、全国の武士がみな頼朝に臣従したわけではなかった。大寺社や荘園領主（貴族）に従う武士たちも大勢いた。また、京都周辺には「荘園領主・公家権門に依存して在京軍事力の中枢を担った軍事貴族層」（川合康著『院政期武士社会と鎌倉幕府』）や、「小規模な所領を基盤とし、権門の爪牙として活動した」「京武者」（前掲書）と呼ばれる者たちが存在し、彼らはずっと以前から朝廷を守護する職務をになっていた。そもそも頼朝の先祖・河内源氏も、京武者であった。

だから頼朝は、とくに後白河法皇が亡くなった一一九二年以降、大番催促（守護の職務で、国内の御家人に大番役をつとめさせること）も含めて、積極的に京武者や東国以外の武士たちにアプローチし、家人化しようとつとめた。

しかしながら頼朝の死後も西国武士の多くは御家人ではなかったし、京都大番役をつとめる西国御家人であっても、幕府ではなく荘園領主から所領を安堵《あんど》（保障）されている者が少なくなかった。

ともあれ頼朝は、こうした御家人の奉公に対して、先祖累代の所領支配を保障（本領安堵）してやったり、新たな土地を与えたり（新恩給与）した。具体的には、地頭職に補する形をとった。この地頭については別項で詳しく解説するが、頼朝から地頭に任じられた(本領安堵された)文書を所持する者が、正式な御家人と見なされた(西国の御家人は例外)のである。

## 御家人を都合よく平等とした頼朝の支配

頼朝が初めて配下に御恩を施したのは、富士川の戦いに勝利した直後の一一八〇年十月二十三日のことであった。相模《さがみ》国府において論功行賞という形で、部下に本領安堵や新恩給与をおこなった。新恩給与に関しては平氏側についた武士の所領を没収し、戦功のあった部下たちに付与していった。

一一八三年、反乱軍から官軍に転じた頼朝は、新恩給与の権利を朝廷に認めさせた。元木泰雄氏は、これにより「御家人たちは、新恩給与として地頭に任じられることを求めて戦功を競い、精強な軍団が成立する。頼朝は、軍団内部に矛盾を抱えるだけに、つねに外敵を設定し、新恩給与を目的とする戦闘に軍団を駆り立てていった。その結果が、鎌倉幕府の樹立であることはいうまでもない。しかし、平時に移行し新恩給与が困難となると、内部矛盾は噴出せざるをえない。頼朝死後における血で血を洗う幕府の内紛も、その産物であった」（『源頼朝』中公新書　二〇一九年）と述べる。

常に土地を与え続ける新恩給与は、戦があるうちは幕府の結束を固めたが、平時になると内乱を招来するという、いわば諸刃の剣だったというわけだ。

このほか頼朝の御恩としては、御家人に朝廷の官職への推挙をおこなうというものがあった。身分の低かった武士にとって、朝廷から官職を与えられるというのは、この上ない名誉であったからだ。

ともあれ、御家人の労に報いてやることを御恩と言い、御恩と奉公という関係で幕府の根本は成り立っていたのである。これを御家人制と呼ぶ。

鎌倉殿（頼朝）と御家人の関係性だが、基本的に主君と家臣の一対一の関係であり、御家人同士は対等だとされた。上総介広常《かずさのすけひろつね》のように二万の従者を抱える御家人も、数人の部下しか持たない御家人も、頼朝のもとでは対等なのである。

もちろん、その力に格段の違いがあることは頼朝も認識しているが、山本幸司氏は、「頼朝はあえてその格差を無視して『御家人』という共通する範疇《はんちゅう》で括り、その上に御家人の運命共同体としての頼朝政権という、理念的であり同時に虚構でもある共同体を描くことによって、初めは東国中心の武士たち、そしてさらには西国の武士たちをも糾合して、平家打倒へと駆り立てることができた」(『日本の歴史09　頼朝の天下草創』講談社学術文庫　二〇〇九年)と論じる。

頼朝だけ鎌倉殿として抜きん出、御家人はすべて平等という原則は、頼朝の御家人支配に都合がよかった。たとえば頼朝による席次や列次の設定である。

現在も上座や下座といった風習が残るが、頼朝のもとに御家人たちが集まったさい、誰がどこに座るかという席次(座次)は御家人の関心の的だった。

菱沼一憲氏は著書『中世武士選書38　源頼朝　鎌倉幕府草創への道』(戎光祥出版　二〇一七年)で先行研究を紹介しているが、座次や列次は「武力・武名の高いものが上位に列していた」が、その「位置は御家人たちにとって幕府内の地位を示すものとして重視されており、座次をめぐって御家人間の相論が頻発」するほどだったという。

この「規定は、朝廷の定める官位・官職ではなく、御家人間の勢力分布の実態に規定されつつも、頼朝の恣意性が強く反映された属人的な規範」だったという。つまり頼朝は座次や列次をうまく利用し、「鎌倉殿を頂点とする縦型の上下秩序を構築し、その頂点に君臨するとともに、上下秩序を制御し、そうした幕府内の地位の上下を表象する場として、儀式・儀礼を主宰した。こうして独裁的な権力を生み出していたのである」(前掲書)。

### 守護の前身？　国地頭とは

先述のとおり、一一八五年に頼朝は守護と地頭を全国に設置する権限を獲得したとされるが、近年、この年に得た権利は、守護ではなく「国地頭」の配置だと記す教科書が登場している。紹介しよう。

「頼朝は法皇にせまって、義経を追討するため、西国の国々に国地頭をおくことを認めさせた。しかし、現地の混乱がひどくなったため、翌年、国地頭は廃止され、その権限が縮小されて守護に改められた」（『日本史探究』実教出版　二〇二三年）

教科書の注書きには、「国地頭は、国内の武士をひきい、反別《たんべつ》5升の兵糧米の徴収権と田地支配権が停止された」と補足されている。

多くの読者は、国地頭など聞いたこともないと思うが、このまま素直に読めば、国地頭は守護の前身ということになる。ただ、実際には国地頭は、この年に初めて設定されたわけではない。川合康氏によれば、国地頭は惣追捕使とか守護人と呼ばれ、一一八四年に摂《せっ》津《つ》国に配備され、「各国の国衙機構を掌握して、国内武士の編成や一般民衆に対する兵士役の賦課、さらに荘園・国衙領からの兵粮米・物資の徴発など、一国単位で軍事動員を推進」(『院政期武士社会と鎌倉幕府』)したとされ、一《いち》ノ谷《たに》合戦後、頼朝の軍勢が畿内近国を支配下におくと、「備前《びぜん》・備中《びっちゅう》・備後《びんご》・播磨《はりま》・美作《みまさか》・伊賀《いが》・伊勢《いせ》・紀伊《きい》・但馬《たじま》などの諸国で惣追捕使を設置したことが確認される」(前掲書)そうだ。平氏が滅亡すると、この体制は解除されたが、義経の謀反が起こると、改めて『国地頭』と名称を変えて西国諸国に再設置された」(前掲書)のである。

なお、「国地頭は守護職(惣追捕使)と同一ではなく、深い関係をもちながらも、独自に検証すべきものである」(義江彰夫著『鎌倉幕府守護職成立史の研究』吉川弘文館　二〇〇九年)という研究もあり、さらに義江氏は、頼朝が国地頭(守護)を設置するずっと前の十二世紀前半、各国の国衙には「国衙守護人」と呼ぶ者が存在したとする。武士たちの乱暴行為に国衙軍が反撃できない状況になっていたので、「国司《こくし》の指揮下で主従制原理で国内の武士を統率し、一国内的軍事行動や国家的軍事行動などを行う」(前掲書)者がいたというのである。頼朝の構築した守護制度は、こうした国衙守護人たちを場合によっては組み入れつつ成立したのだと推論する。

## 警察権に武士の統制・裁判権も与えられた守護

ただ、これ以上専門的な内容に深入りするのは入門書としての趣旨に反するので、一般的な守護について解説していこう。

守護というのは、各国に一名おかれ、その職務は大犯《だいぼん》三カ条といって京都の大番催促、謀反人・殺害人の逮捕など、平時の治安維持や警察権の行使であった。ただし、戦時には、守護が軍事指揮官として国内武士を統率して戦いにのぞんだ。守護職に任じられるのは東国の有力御家人で、幕府の支配が届きにくい西国を中心に設置された。東国には原則置かれなかったようで（異説あり）、大和《やまと》・山城《やましろ》にも配置されなかったことも判明している。

また、一国の治安維持や武士の支配を職務とすることから、守護になった御家人は任国に赴任していると思いがちだが、実際は一族や部下を守護代や代官として現地に派遣していたのである。ただし、元寇《げんこう》（蒙古《もうこ》襲来）以後は臨戦態勢を維持する必要から守護は在国することになった。

守護職は後に述べる地頭職と異なり、一族が代々継承することはなく、頻繁に交代や異動がみられた。守護の勢力が在地で強大化しないようにしたのだろう。鎌倉後期になると、北条氏の権限が強くなり、守護の多くが北条一族に独占されたが、異動の激しさは変わらなかった。

ただ、この時期になると大犯三カ条にくわえ、守護には新たに刈田狼藉《かりたろうぜき》の取り締まりと使節遵行《しせつじゅんぎょう》の権限が追加された。刈田狼藉とは、土地争いで自分こそがこの土地の正当な持ち主だと称し、他人の作物を勝手に刈り取ってしまう不法な行為のこと。そこで鎌倉幕府は、各国の守護に刈田狼藉を取り締まる権限と裁判権をゆだねたのだ。

使節遵行とは、幕府の裁定を強制執行できる権限である。わかりやすく言うと、それまで幕府は、土地に関する争いが裁判で決着すると、わざわざ使節を現地へ派遣して、勝訴した人にその土地を渡すといった手続きをしていた。その権限を各国の守護に与えることにしたのだ。また闕所《けっしょ》処分権といって、没収した敵の所領を処分する権限も守護に与えたのである。さらに、国衙の行政権を次第に守護がになうようになり、国衙の役人たちも配下にしていった。やがて室町幕府に引き継がれた守護は、その権限を急速に強大化していくことになる。

## 平安時代の土地制度について

学校で守護と地頭をワンセットのような扱いで覚えさせられた方も多いだろう。それはやはり、一一八五年に頼朝が朝廷から守護・地頭を任命する権利を獲得したといわれてきからだ。だが、別項で見たように、このとき朝廷が許可を与えたのは「国地頭」、つまり守護のことであり、後に地頭職を称されるものではなかったという説が強くなっている。

一国単位に設置された国地頭と区別する意味で、荘園や公領に配置された一般的な地頭を荘郷《しょうごう》地頭と呼ぶこともある。

さて、ここから地頭（荘郷地頭）について説明を始めるが、まずは平安時代の土地制度の話をしよう。

十一世紀になると、各地の公田を請け負い耕作する大名田堵《だいみょうたと》や土着した国司の子孫などが、国衙の許可を得て荒田や原野を開拓し、私有するようになった。彼らは開発《かいほつ》領主と呼ばれたが、やがて土地を守り領民を支配するために武装するようになった。そう、地方の武士の誕生である。武士は同じ土地に代々住み着き、国衙と結びついていく。そして国衙の行政をになう在庁官人になったり、国衙領（公領）を支配する郡司《ぐんじ》・郷司《ごうじ》・保司《ほうじ》などに任じられた。

十一世紀後半になると、開発領主やその子孫たちは、切り開いた所有地を院（上皇）や摂関家、貴族などに寄進（寄付）して彼らを荘園領主と仰ぎ、自分たちは荘官《しょうかん》（荘園の管理人）に任じてもらった。自分の土地を皇族や貴族の荘園の一部にすることによって、国衙（朝廷）に支払う税を免れたり、国司の立ち入りを拒否する権利を獲得できたからだ。これを不輸《ふゆ》・不入《ふにゅう》の権と呼ぶ。

だが、源平の争乱が始まり、各地で荘園の押領《おうりょう》（他人の土地を奪い取ること）や農作物の掠奪《りゃくだつ》などが相次いだ。そうしたなか、頼朝に味方した武士は、地頭職を与えるという体裁をとって自分の土地を安堵してもらえたのである。強大な権力者に安泰を保障されるわけだから、武士にとってこの上なくありがたいことだった。

必死になることを「一生懸命」というが、この言葉は「一所懸命」から転じたものだとされる。「武士が自分のただ一カ所の所領を命がけで守り、生活の頼りとした」ことに由来する語である。武士にとって先祖伝来の土地は、死守すべき最大にして最高の財産であった。実際、国司や領主の狼藉や迫害、盗賊の襲来や他者の侵略などにさらされながらも、長い間武士たちは先祖代々の所領を必死に守り抜いてきた。皇族や貴族への寄進も防衛手段の一つといえよう。いずれにせよ、己の度量と一族の武力だけが頼りであった。そうした不安定さは、頼朝（鎌倉殿）から地頭に任じられることにより、解消されるのである。

さらに軍功を挙げたら、敵から没収した土地の地頭に任じられ、新たな土地支配を任せてくれる（新恩給与）のだから、東国の武士がこぞって頼朝と主従関係を結んで御家人となったのは理解できるだろう。

地頭の主な仕事は、荘園や公領の治安維持と管理、年貢を農民から徴収して領主や国衙へまとめて納めることだった。なお、年貢を納めることで、地頭は加徴米《かちょうまい》などと称する定期収入を得た。

## 地頭はどのように変化していったのか

さて、頼朝が死んだ後の地頭職の変遷である。

一二二一年に鎌倉幕府は後鳥羽《ごとば》上皇の乱（承久《じょうきゅう》の乱）を鎮め、上皇方に付いた武士や貴族の所領三千カ所を没収したが、そこに御家人たちを地頭として送り込んだ。これにより幕府の勢力は一気に西国に伸びた。東国武士たちは、新たに新恩給与されて地頭として西国へ赴いた。この地頭たちをそれまでの地頭（本補《ほんぽ》地頭）に対して新補《しんぽ》地頭と称した。その収益や権限は、前任の荘官などのそれを踏襲することになっていたが、規定があいまいな土地や極端に収入が少ない所領も多かった。そこで幕府は、田畑十一町ごとに一町の田畑（給田《きゅうでん》）、田地一段ごとに五升の米（加徴米）、山野河海からの収益の半分を与えることとした。

さて、鎌倉時代の訴訟沙汰は大半が土地をめぐる紛争だった。とくに承久の乱後、幕府の力が西国へ伸びると、地頭（御家人）と荘園領主の紛争が激増する。

それは、幕府の強大化を楯にして地頭が荘園を私領化する動きをみせたためだ。地頭のなかには、領民から徴収した年貢を領主に納めずに横領したり、私用で領民を酷使したりする者が現れ始めた。

一二七五年の阿氐河荘《あてがわのしょう》の百姓等申状《もうしじょう》は、領民たちが地頭の湯浅《ゆあさ》氏の非法を荘園領主である寂楽寺《じゃくらくじ》に訴えた文書である。それによれば、湯浅氏は領民に「もし自分の言うことを聞かなければ、お前たちの妻子の耳を切り、鼻を削《そ》ぎ、髪を切って尼にして縄でしばるぞ」と恐喝し、労働を強制したという。

そこで荘園領主はこうした地頭の横暴に対し、預所《あずかりどころ》・雑掌《ざっしょう》と呼ぶ土地経営に熟達した者たちを荘園に派遣して対抗させたり、幕府に地頭の不法行為を訴えたりした。

幕府も地頭の非法を取り締まったが、荘園領主は京都を拠点としており、現地に根を下ろした地頭が裁判で敗訴したからといって、その行動に抑制をかけるのはかなり困難だった。幕府もよくそれを承知していたので、紛争解決の手段として地頭請《じとううけ》を奨励した。これは、領内の年貢を完納することを条件に、地頭に荘園支配一切をゆだねるという領主と地頭の契約である。

それでも紛争が解決しない場合は、究極の手段として下地中分《したじちゅうぶん》をおこなった。これは、荘園を思い切って荘園領主と地頭で折半してしまうというもの。その代わりに領主側の荘園に、地頭は一切手を出さない約束をした。

この下地中分により、地頭の立場は荘園領主とまったく同じになった。つまり地頭の荘園領主化である。ちなみに、地頭が獲得した荘園の半分を武家地と呼び、地頭がいない荘園領主の荘園を本所一円地《ほんじょいちえんち》と呼ぶようになった。

## 繁栄し最盛期を迎えた鎌倉の地

源頼朝は一一八〇年、鎌倉に拠点を置いた。これが鎌倉幕府の画期であったのは確かだろう。

鎌倉という名称の由来は、諸説あってよくわからない。一説には、地形がカマドの形に似ていることから来ているともいうが、すでに奈良時代の木簡にも「鎌倉」の名が登場することから、非常に古い地名であるのは間違いない。

鎌倉は三方が百メートルほどの低山に囲まれ、山には多くの小さな谷《やつ》があり、前面に相模湾が広がっている。鎌倉を囲む山々は低いながらも峻険《しゅんけん》（人工的に削って城壁のようにした場所もある）で、七つの切通《きりどおし》を通過する以外、鎌倉市中に入るのは難しい構造になっている。

頼朝がこの地に拠点を置いたのは、鎌倉が防御に適した地形であるうえ、ここが源氏ゆかりの場所であったからだといわれている。

頼朝の先祖である源頼信《よりのぶ》・頼義父子は、朝廷の命を受けて平忠常《ただつね》の乱を平定するため関東に下向した。このときやはり忠常の討伐を命じられていた平直方《なおかた》は、頼義の弓術に感嘆して娘婿とし、頼義に鎌倉の大蔵《おおくら》にあった自分の屋敷と領地を与えたのである。以後、鎌倉は河内源氏の拠点の一つとなった。頼朝の父・義朝《よしとも》も鎌倉に邸宅を所有していたといわれる。

なお、源頼義は東北地方の前九年合戦を鎮めたとき、その拠点であった鎌倉に戻り、父・頼信の代から崇拝していた京都の石清水八幡宮《いわしみずはちまんぐう》を勧請《かんじょう》した。

石清水八幡宮と頼義に関しては、不思議な逸話が伝わっている。頼義が同社に参籠したさい夢で神から剣を与えられ、ふと目を覚ますと本当に小剣が置いてあり、ちょうどこの時期、妻（平直方の娘）が長男の義家《よしいえ》を産んだというのだ。そこで頼義は、石清水八幡宮で義家の元服式を執行。やがて義家は弓馬にすぐれた武人に成長し、前九年の役でも父の頼義を助けて大活躍した。敵の安倍貞任らは、義家を石清水八幡宮の神の化身だとして「八幡太郎」とたたえたという。

いずれにせよ、源頼義は崇敬する八幡神を鎌倉の由比ヶ浜《ゆいはま》の地に勧請したのである。

鎌倉入りの翌日、頼朝はその八幡社を遥拝《ようはい》し、それから五日後に八幡宮を小林郷の北山へ遷《うつ》すよう命じた。そして翌一一八一年から立派な木材を取り寄せ、浅草から名工を招いて社殿の建設を開始させ、同年七月二十日に上棟式が挙行された。これが現在の鶴岡《つるがおか》八幡宮である。頼朝も式典に参列したが、その帰途、頼朝の後をつけていた怪しげな男が逮捕された。左中太《さちゅうだ》という人物で頼朝を暗殺する機会を狙っていたのだ。頼朝は「自分が無事だったのは八幡神のお陰だ」とますます信仰を深めることになったという。翌八月十五日、遷宮《せんぐう》が挙行された。

一一八四年二月にも頼朝は鶴岡八幡宮に詣で、鎌倉中の僧侶を集めて平氏追討の祈禱をおこなわせている。

頼朝は、この鶴岡八幡宮から由比ヶ浜まで貫く若宮大路《わかみやおおじ》をつくった。鶴岡八幡宮を京都の内裏に、若宮大路を平安京の朱雀《すざく》大路に比したといわれてきたが、現在、この説には否定的な見解が多い。とはいえ、鎌倉殿がおり、幕府の重要機関があったことから鎌倉は中世都市として繁栄していくことになった。

本格的に鎌倉を整備したのは、三代執権北条泰時《やすとき》である。泰時は幕府の施設を狭隘な大蔵から若宮大路脇に移して京風の造りにするとともに、切通や近くを走る東海道を整備し、和賀江《わかえ》の津を造成した。

由比ヶ浜は遠浅で大きな船は寄港できず、西風が強いため難破船も多かった。そこで由比ヶ浜の東端に石積の防波堤を造り、大船が接岸できる港（和賀江の津）に改変したのである。

これにより鎌倉には全国から船が盛んに来航、由比ヶ浜周辺には商人が集住するようになり、繁栄を極めた。材木座《ざいもくざ》という地名は、材木商人の居住区に由来し、このほか米座、絹座など鎌倉七座と呼ばれる商人たちの居住地区が生まれたといわれる。

建長寺《けんちょうじ》、円覚寺《えんがくじ》、東慶寺《とうけいじ》などの仏閣も多く創建され、鎌倉には多くの僧侶が住むようになった。

有力な御家人たちも幕府の周辺に館を構えたといわれ、彼らの消費をあてにして多くの商人が集まった。そんなわけで、最盛期の鎌倉の地は、人口十万を超える、当時としては巨大都市に成長したと推定されている。

## 防衛の要となった鎌倉七口

先述のとおり、鎌倉市中には七つの切通を通過する以外、陸路で都市へ入り込む手だてはなかった。名越《なごえ》、朝比奈《あさひな》、巨福呂《こぶくろ》、亀谷《かめがやつ》、化粧《けわい》、大仏《だいぶつ》、極楽寺《ごくらくじ》の七口である。

どの切通もけわしい坂道になっており、しかも道幅は非常に狭い。人工的に山や尾根を削ったり掘ったりしてつくった通路（隘路）であり、この坂道を木戸で塞ぎ、その上に防衛施設をつくってしまえば、かなりの効果が発揮できる。ただ近年は、それほど防護は強固ではなかったという説が有力になっている。

とはいうものの、NHKのテレビ番組「歴史探偵」で実験をおこなったところ、切通の出入口は城郭の虎口《こぐち》のような造りで、かなりの防衛力があったことが判明した。

逆にいえば、この切通を敵に突破されたら、鎌倉市中はたちまち窮地に陥る。

だから幕府の実権を握る北条氏は、この七つの切通を非常に重視した。研究者の石井進氏は、二代執権・北条「義時の子供たちの時代には、鎌倉七口・七切通の出入口の内側や外側は、すべて北条一族によって直接支配され、彼らの別邸が立ち並んでいた。思えば当然のことと言えようが、鎌倉をとりまく天然の要害の各所にうがたれた城門ともいうべき七口・七切通の出入口にはすべて北条一族が配置されていたのである」(『石井進の世界⑤中世のひろがり』山川出版社　二〇〇六年)と述べている。

時宗《じしゅう》の開祖・一遍《いっぺん》が一二八二年春に巨福呂坂から鎌倉へ入ろうとしたさい、切通には木戸があり、警備の武士たちが目を光らせ、怪しい通行者を遮断し、ときには駆逐していたという。

ちなみに先の石井氏は、七口の周辺は墓地が広がり刑場があったり、娼家が集中していたり、市場が設置されたりするなど、特別な異空間だったと指摘する。

**切通の優れた防衛力でも、壊乱は免れず**

鎌倉七口の関所(防衛)機能は、幕府が滅ぶ日まで健在だった。

一三三三年五月、上野国《こうずけ》新田荘《にったのしょう》の御家人・新田義貞《よしさだ》は、生品《いくしな》明神に一族郎党を集め、幕府打倒の兵をあげた。

やがて二十万に膨れ上がった新田軍は、海側の極楽寺坂切通、山側の巨福呂坂切通、そして中央の化粧坂切通の三手にわかれ一斉に鎌倉に侵入しようとした。対して、幕府軍は必死の抵抗をみせ、激戦となった極楽寺方面では、新田軍の主将大館宗氏《おおだちむねうじ》が討死。戦いは数日間、膠着《こうちゃく》状態が続いた。それなりに切通の防衛力が高い証拠だろう。

義貞は苦戦する極楽寺坂方面に二万人を増派。この切通は海岸側からの鎌倉への入口で、すぐ南には稲村《いなむら》ヶ崎《さき》が広がっている。切通越えは無理と判断した義貞は、稲村ヶ崎からの強行突破を決意。しかし、浜辺には逆茂木《さかもぎ》が並べられ、海には幕府の兵船が無数に浮かんでいた。だが、義貞が黄金造《こがねづくり》の太刀を海中に投じて龍神に祈念すると、潮が引いて干潟が現れ、幕府の兵船は沖に流されたというのだ。

この不思議な現象だが、磯貝富士男氏は、パリア海退期における海水面の低下と潮の満ち引きなどから、十分あり得たことだと述べている（『中世の農業と気候』吉川弘文館 二〇〇二年）。

太刀を海中に投じたのは、志気を高めるための義貞のパフォーマンスだろう。

義貞本隊が稲村ヶ崎から鎌倉に乱入すると、幕府軍は背後からも敵の攻撃を受けることとなり、あっけなく壊乱。北条一族は葛西《かさい》ヶ谷《やつ》の東勝寺《とうしょうじ》に入り、ことごとく自害し、ここに鎌倉幕府は滅亡した。いずれにせよ、義貞の大軍をもってしても、鎌倉の切通は突破できなかったのだ。

ちなみに鎌倉は、江戸時代の江戸のように大名や旗本など、多くの武士たちが固まって住んでいたわけではない。近年の研究（川合康著『院政期武士社会と鎌倉幕府』）では、鎌倉市中には執権の「北条氏や幕府吏僚などごく一部の一族を除いては、御家人は常駐しておらず、軍事力はプールされていない」ことが判明している。多くの御家人は、鎌倉の屋敷には給人《きゅうにん》（代官）を置いていたというのだ。しかも屋敷地の一部を民衆に又貸ししていたらしい。つまり鎌倉の「都市住民のほとんどは御家人の屋敷地内に住む給人や民衆であったと考えられる」（前掲書）そうだ。

とはいえ京都の貴族や僧侶もかなり多く鎌倉に居住していた。木下竜馬氏は『鎌倉幕府と室町幕府』（山田徹・谷口雄太・木下竜馬・川口成人著　光文社新書　二〇二二年）の中で、先行研究を参考にしつつ「京出身の実務官僚や陰陽師《おんみょうじ》、医師などの文士」や「公卿・殿上《てんじょう》人《びと》クラスの高位の貴族」なども鎌倉で幕府や将軍に仕えていたと論じる。また、「京都においてはパッとしない僧でも、一か八か鎌倉に下向して幕府に仕え、その介入を受けることができれば、京都の社会に高位高官で復帰することができた」とする。つまり「鎌倉は、一発逆転を狙える新天地だった」というのである。

いずれにせよ、鎌倉が武士の都であるというイメージは、後世に成立したものなのだ。

では、誰が鎌倉を防衛したのかということだが、先の川合康氏によれば、有事の際に駆けつける軍勢として武蔵《むさし》国の御家人が幕府直属軍として期待されていたという。

# 第三章 「執権政治」

## 源頼朝の死によって揺らいだ将軍の権力

源頼朝は平氏を滅ぼした前後から、弟の義経や範頼《のりより》をはじめ、自分に取って代わりそうな源氏一族や有力御家人を粛清していくようになった。同時に積極的に朝廷への接近をはかった。一一九五年には、北条政子《まさこ》と嫡男頼家《よりいえ》、娘の大姫《おおひめ》を連れて再び上洛し、東大寺《とうだいじ》大仏殿の落成供養に参列したが、真の目的は大姫を後鳥羽天皇に輿入れさせる政治工作にあったとされる。摂関家や平清盛《きよもり》のように、自ら天皇の外祖父となり、朝廷で権力を握ろうとしたのではないかという説がある。

そのすぐ後、摂政《せっしょう》・関白として朝廷に十年間君臨していた九条《くじょう》（藤原）兼実《かねざね》が失脚するが、これも頼朝が陰で関与していたという説もある。だが、大姫は一一九七年に病没してしまう。すると頼朝は、今度は次女の三幡《さんまん》を入内《じゅだい》させようと動いた。

ところが頼朝本人が一一九九年正月十三日に急死してしまったのである。

残念ながら幕府の正史『吾妻鏡』は、頼朝が亡くなる前後数年間の記述が欠けており、死後、十三年経った一二一二年の記事に、頼朝が相模川の橋供養に参列した帰り道に落馬し、それから程なくして亡くなったという記録が出てくる。

ただし、落馬が直接の死因とは書かれていない。当時、京都にいた公家の日記には飲水病(糖尿病)で死んだとあるが、鎌倉からの伝聞だろうから、必ずしも信憑性の高い情報とはいえない。さらに江戸時代になると、北条政子が暗殺したなどといった荒唐無稽な話も出てくる。いずれにしても、頼朝の死因は事故か病気か、はたまた暗殺か、まったくわからないのである。

いずれにせよ、将軍独裁体制が整ったところで頼朝本人が急死してしまったので、御家人たちの動揺は激しかったことだろう。しかも頼朝の長男・頼家はまだ十八歳で、準備もないままに鎌倉殿の地位を引き継ぐことになったわけだから、当然、将軍の権力は不安定になった。

## 源頼家と鎌倉殿の十三人が繰り広げた政治闘争

『吾妻鏡』によれば、頼家は父と同様に将軍の独裁を志向、若手の御家人たちを側近として取り立て老臣たちを冷遇し、勝手な政治を始めたとされる。そこで有力御家人たちは、頼家から訴訟をあつかう権限をうばい、以後は北条時政・義時《よしとき》父子、大江広元、三善康信、中原親能《なかはらちかよし》、三浦《みうら》義澄《よしずみ》、八田《はった》知家《ともいえ》、和田義盛、比企《ひき》能員《よしかず》、安達盛長《あだちもりなが》、足立遠元《あだちとおもと》、梶原景時《かじわらかげとき》、二階堂行政《にかいどうゆきまさ》ら十三人の集団指導体制による合議政治を始めたのだ。頼朝の死からわずか三カ月後のことだった。

ただ、これに関しては、頼家の「権限を剝奪するという判断はあまりに早急」であり、「頼家の親裁を否定したものではなく、頼家に『訴訟のことを執り申す』ことのできる対象を十三人に限定した」（岡田清一著『北条義時』ミネルヴァ書房　二〇一九年）のだという説も強い。

とはいえ、その後、有力御家人たちが頼家の力を抑えようとしたのは確かなようだ。岡田清一氏は、「父頼朝が有した権限に比べて、結局は制約されたと考える頼家がまったく従順であったわけではなかった」（前掲書）とする。おそらく頼家は父の独裁を近くで見ていたから、この状況に甘んじることができなかったのだろう、鎌倉殿の十三人に含まれる舅の比企能員や梶原景時の支援を得て、周囲を側近でかため自ら政務を決裁するようになった。

しかし、頼朝という巨星が墜《お》ちたなかで、こうした頼家の強引なやり方は、十三人を含む有力御家人の間で激しい政治闘争を誘引する契機となった。

最初の脱落者は、梶原景時だった。頭が良く弁が立ち、何より鎌倉殿に忠実だったので、頼朝は景時を重用した。頼朝は平氏を倒した頃から猜疑心《さいぎしん》が強くなり、景時に御家人たちの動きを探らせたり、無理な要求を景時を通じて言わせたりするようになった。頼家も景時の働きを見ていたのだろう、景時を重用するようになった。このため景時は御家人から嫉妬・嫌悪され、結城朝光《ゆうきともみつ》との確執をきっかけに六十六人の有力御家人たちから弾劾された。このため、さすがの頼家も景時を鎌倉から追放せざるを得なくなった。なお、景時は京都に向かう途中で、武士たちに襲撃されて命を落とした。

頼家は、寵臣景時の排斥に母方の北条氏が関与したのではないかと疑い、次第に北条氏と距離を置くようになった。そして征夷大将軍になった翌年の一二〇三年五月、謀反を企んだとして阿野全成《あのぜんじょう》（頼朝の弟で頼家の叔父。北条時政の婿）を配流し、翌六月に誅殺した。さらに全成の妻である阿波局《あわのつぼね》（頼家の叔母）の引き渡しを北条側に求めたのである。しかし、息子・頼家のやり方に激怒した母の北条政子が、阿波局の引き渡しをきっぱり拒否した。こうして頼家と北条氏の関係は決定的に悪化してしまった。

## 北条氏の台頭と執権政治の始まり

しかし同年七月、体調不良だった頼家は危篤状態になった。すると北条時政は、このとき賭けに出た。「頼家の没後、関東二十八カ国の統治権を頼家の嫡男一幡《いちまん》に、関西三十八カ国の統治権を頼家の弟・実朝《さねとも》に譲ることとする」そう公言したのである。将軍権力を二分しようというのだ。

頼家の舅・比企能員はこれに反発し、密かに北条一族の討伐をもくろんだ。その計画を政子から知らされた時政は、巧みに能員を誘殺し、比企氏の屋敷に義時の軍勢を派遣して一族を全滅させた。ただ、一説には、すべては時政の企んだ計画だったともいう。

このとき頼家は奇跡的に病から回復しつつあったが、時政は頼家を強引に出家させて伊豆の修善寺《しゅぜんじ》に幽閉、その弟実朝（十二歳）を三代将軍にすえ、再び有力御家人による集団指導体制を復活させた。

実朝を擁立した時政は、政所の別当（長官）に就いて政治の中心となり、翌一二〇四年、幽閉した頼家を暗殺した。翌一二〇五年には有力御家人だった畠山重忠《はたけやましげただ》に謀反の罪を着せて滅ぼし、武蔵国の実権を奪っている。

さらに、実朝を廃して平賀《ひらが》朝雅《ともまさ》（後妻牧《まき》の方の娘婿）を将軍にしようと動いたが、このあたりから御家人たちの間に時政に対する不満が募っていった。そこで将軍実朝の実母で時政の娘・政子とその弟・義時が、有力御家人である三浦氏の協力を得て、強制的に時政を出家させ、引退というかたちにして伊豆へ追放したのである。

だが、これによって北条氏の力が弱まったわけではなかった。鎌倉殿の後家である政子を奉じ、北条義時が大江広元や三浦義村《よしむら》の協力を得て幕政の中心になっていった。そして一二一三年、侍所別当として長年御家人を統率してきた和田義盛を倒し（和田合戦）、義時は政所の別当に加え、侍所の別当職も兼ねるようになった。

以後、北条氏は代々政所と侍所の別当を兼ねたが、この地位を執権《しっけん》と呼び、義時の時代からいわゆる執権政治がはじまっていく。

なお幕府は、朝廷から容認された知行国《ちぎょうこく》と平氏から没収した荘園（平家没官領《もっかん》）をその経済的な基盤とした。前者を関東御分国《ごぶんこく》（関東知行国）、後者を関東御領と呼んでいる。関東御分国は武蔵、駿河《するが》、三河《みかわ》の三カ国からはじまり、その後、九カ国に増えたあと変遷を重ね、武蔵、相模、伊豆、駿河の四国に落ち着き、一二三一年に陸奥国も関東御分国となった。

## 倒幕のため動き出した後鳥羽上皇

一二一九年一月二十七日、将軍源実朝(二十八歳)は、右大臣昇進の拝賀の式典を鶴岡八幡宮で挙行、儀式を終えて社殿から降りてくる途中、階段脇の大銀杏の陰に隠れていた公暁《くぎょう》(二十歳)に斬り殺された。公暁は二代将軍頼家の息子で、実朝にとっては甥にあたる。実朝には子がなかったので、これにより、鎌倉殿(源氏将軍)も血筋が絶えてしまった。

この暗殺事件の裏には、黒幕がいるという説がある。実朝が将軍として政治力を持つようになり、確執が生まれた執権・北条義時の仕業だとか、公暁の乳母夫《めのと》・三浦義村が実朝と義時の殺害をそそのかし、その後、公暁を将軍に擁立して執権の座に就こうとしたなどというものだ。近年は公暁単独犯行説が強いが、どれも推測の域を出ず、確かなことはわからない。ただ、『吾妻鏡』によれば、実朝の死を知って御家人百余名が出家したというから、人徳のある将軍だったことがわかる。

実朝が暗殺されたとき、朝廷を牛耳っていたのは後鳥羽上皇だった。後鳥羽は風雅の道に秀で、蹴鞠《けまり》や琵琶、笛もよくし、和歌の名人だった。和歌所を設置して『新古今和歌集』の編纂を命じ、実朝とも和歌を通じて交流している。実朝は後鳥羽を心底敬愛し、

「君」と呼んで臣従してきた。実朝は結婚後も子に恵まれなかったので、幕府は後鳥羽の皇子を将軍にもらいたいと頼み、内諾を得ていたとされる。

おそらく後鳥羽は、将軍実朝を通じて幕府を朝廷の統制下に置こうと考えたのだろう。だが、そんな後鳥羽の計略は、実朝が亡くなったことで崩れてしまった。

幕府は実朝の死後、後鳥羽に「あなたの皇子を鎌倉にお迎えして将軍にしたい」と申し入れたが、後鳥羽は「東国に皇族が入ると、日本国を二つに割ることになる」と拒絶したのである。

一説には、後鳥羽が「愛妾・亀菊《かめぎく》の荘園で地頭が乱暴を働くので免職にしてほしい」と求めたところ、北条義時が拒んだので、両者の関係にヒビが入ったといわれる。

幕府は仕方なく摂関家の九条（藤原）道家《みちいえ》の子で、二歳の頼経《よりつね》（三寅《みとら》。頼朝の姉〈または妹〉坊門姫の曽孫にあたる）を新たな鎌倉殿に迎え入れることにした。

後鳥羽上皇は蹴鞠や和歌だけでなく、皇族には珍しく、武芸に異常な興味を示した。馬にまたがり笠懸《かさがけ》や競馬を楽しみ、宮中では太刀を制作して貴族に下賜した。自ら武士を指揮して盗賊を捕縛したという伝承も『古今著聞集』に載る。

そうした性格もあったのか、やがて倒幕（単に義時の排斥という説も）をたくらむようになり、一二二一年五月十四日、北面《ほくめん》の武士や西面の武士（親衛隊）、京都を警固する関東の御家人らを流鏑馬揃《やぶさめぞろえ》だと称して召集、翌日、義時追討の院宣を下し、西国十四カ国の武士に挙兵を呼びかけたのである。幕府ではなく義時の追討を名目としたのは、北条氏に不満を持つ御家人を味方に引き入れ、幕府の勢力を分断するねらいだったという説もある。

当時、朝廷や上皇の権威は武士にとって絶大なものだった。だから在京していた御家人は、ほとんど上皇方に加わった。政所別当の大江広元の長男・親広《ちかひろ》や三浦義村の弟・胤義《たねよし》なども含まれている。ゆえに院宣発布から四日後、鎌倉に挙兵の事実が伝わると、御家人たちは大いに動揺した。

義時自身、朝敵となった衝撃は大きかったようで、あまり指導力を発揮できなかった。自分の邸宅に落雷があり、一人が亡くなったが、このおり義時は、「自分の命運が縮まるはじまりではないか」とおののくほど弱気になっていた。

## 「尼将軍」の演説で奮起した御家人たち

そんなときにあって御家人を結束させたのは、北条政子（頼朝の後家）だった。鎌倉殿として迎えた三寅（摂家将軍）が幼児だったため、元服するまで政子が後見役となっていた。ただ当時の後家は、亡き夫と同様の権限を有すると見なされており、実質的に政子が将軍の役割を果たし、尼将軍と呼ばれていた。

政子は主たる御家人を集め、演説（『吾妻鏡』では安達景盛を通じて自分の言葉を伝えたことになっている）をおこなった。

政子は、これまで御家人たちが受けてきた頼朝の恩の大きさを語り、上皇方に付いた在京の御家人を討てと出陣を促したのである。この言葉に感銘した御家人たちは、その場で上皇と戦うことを誓い合った。

とは言うものの、その後も幕府内では迎撃論が多数を占めていた。とりあえず箱根や足柄山《あしがらやま》の関所を固め、上皇軍を迎え討つことにしようというのだ。対して大江広元は、運を天に任せて即座に京に向けて出陣すべきだと主張した。しかし、なかなか義時は出兵に踏み切れない。このとき、問注所の執事で病床にあった宿老・三善康信が会議に参列し、「大将一人でもいいからただちに出陣すべきだ」と力説した。

そこでようやく義時も、息子の泰時を大将に任じ、鎌倉から出陣させたのである。『吾妻鏡』によれば、このとき泰時が率いた人数は、わずか十八騎であったという。五月二十一日のことであった。

幕府は同時に、遠江国《とおとうみ》以東十五カ国に動員令を発した。これに応じて、各地から続々と御家人たちが出陣していった。やがて彼らは東海道、東山道、北陸道の三手から西上し、総大将の北条泰時に合流、その数はあわせて十九万に達したという。

対して上皇軍は多くても三万程度。後鳥羽が予想していたほど兵は集まらなかった。結果、上皇軍は各地で敗れ、防衛ラインの宇治川《うじがわ》もあっけなく破られて敗北を喫し、挙兵からおよそ一月後、後鳥羽上皇も囚われの身となった。

**幕府による後鳥羽方への過酷な処分**

戦後幕府の措置は、非常に厳しいものであった。断をくだしたのは、戦前は消極的だった北条義時だ。

乱の首謀者である後鳥羽上皇を隠岐《おき》へ流し、さらに土御門《つちみかど》上皇を土佐《とさ》へ、順徳《じゅんとく》上皇を佐渡《さど》へ流したのである。武家によって上皇や天皇が流罪に処せられるのは前代未聞だった。仲恭《ちゅうきょう》天皇も廃位され、殿上人たる公卿や院の近臣なども処罰された。とくに挙兵を主導した公家は過酷な措置がとられた。たとえば公卿の一条信能《いちじょうのぶよし》、葉室光親《はむろみつちか》、源有雅《ありまさ》、中御門《なかみかど》（葉室）宗行《むねゆき》、高倉範茂《たかくらのりもち》らは鎌倉へ連行されることになったが、その途上で斬り捨てられされている。公家がこのようであったから、武士の処分はさらに厳しく、殺されたうえ首を晒された。

また、後鳥羽方に味方した貴族や武士は、原則領地をすべて没収された。後鳥羽が支配する膨大な皇室の荘園も例外ではなかった。その所領は西国を中心になんと三千カ所に達したが、幕府は戦いで活躍した御家人たちをその地における新たな地頭職にすえた。

地頭になった御家人やその一族は現地へ入ったので、これによって西国にも幕府の力が及ぶようになったのである。さらに幕府は各地の国衙に大田文《おおたぶみ》の作成を命じた。もともと大田文というのは、朝廷の国司が国衙の役人（在庁官人）に命じてつくらせてきた土地台帳のこと。一国すべての荘園や公領の田畑面積や領有関係などが細かく記され、臨時に一国単位の税（一国平均役《いっこくへいきんやく》）を賦課するさいに使用されてきた。その大田文を幕府が在庁官人に作成させたことから、国衙に幕府の力が浸透したことがわかる。

幕府はまた、承久の乱を機に皇位継承や朝廷の政治にまで干渉するようになった。そして、朝廷の監視と京都の治安維持、西国の統括をになう六波羅探題《ろくはらたんだい》を京都に設置し、北条泰時と時房《ときふさ》（義時の弟）を最初の探題に任じた。

ただ、これで幕府が全国政権になったかといえば、そうではない。相変わらず西国での朝廷の力は強く、荘園領主たる貴族が地方にも影響力を及ぼし、寺社勢力も強大であった。江戸幕府とは異なり、ある意味、鎌倉幕府はその終焉まで唯一の政治権力とはならなかった。そのあたりについては後に詳しく述べていくつもりだ。

## 北条泰時排斥の企てと北条政子の先回り

承久の乱から三年後の一二二四年六月十三日、執権北条義時が死んだ。六十二歳であった。少し前から体調を崩していたようだが、前日に急に危篤に陥ったのだ。すぐに陰陽師たちが駆けつけて占いをおこなったが、「大事に至らず快方に向かう」という結果がでた。ところが翌日、あっけなく亡くなってしまった。『吾妻鏡』によれば、脚気《かっけ》のうえに霍乱《かくらん》が重なって死去したとあるが、あまりに急なことだったので、当時から後妻の伊賀《いが》の方(泰時の腹違いの弟・政村《まさむら》の実母)が毒殺したとか、家来に暗殺されたといった噂が流れ、鎌倉には不穏な空気が流れ始めた。

義時の嫡男・泰時は、京都の六波羅探題として西国の支配にあたっていたが、十六日に飛脚で父の悲報を知り、翌日、夜明け前に京都を出立して急ぎ関東へ向かった。しかし、直接鎌倉へ入らず、いったん伊豆に留まった。

というのは、伊賀の方が実兄の伊賀光宗《みつむね》とはかって泰時を滅ぼし、娘婿の一条実雅《さねまさ》を将軍に立て、我が子の政村を執権にすえようと企んでいる計画を知ったからだ。光宗は、北条氏に次ぐ実力を持つ三浦義村を仲間に引き込んでいた。まさに北条一族の家督騒動といえた。

泰時はようやく六月二十六日になって鎌倉の由比ヶ浜にやって来て、翌日、自分の屋敷に入り、二十八日に北条政子に会った。その後、泰時は大江広元から具体的に伊賀の方の密謀の噂を聞いたが、「事実ではなかろう」と騒ぎ立てなかった。とはいえ、京都から叔父の時房を呼び寄せており、屋敷の警備を厳重にして万一に備えた。

七月に入ると、伊賀光宗がたびたび三浦義村のもとへ出向くなど不穏な動きが活発化し、御家人たちが動揺しはじめた。

こうした事態を解決したのは、尼将軍北条政子だった。七月十七日、政子は従者に駿河《するがの》局《つぼね》を一人伴い、いきなり義村の館に乗り込んだのである。そして恐縮する義村に対し、「あなたは光宗と密談しているというではないか。泰時を滅ぼそうというのか。執権になるべきは承久の乱を平らげた泰時であり、彼がいなければ幕府はおさまらない。それに泰時と政村（義時の異母弟）とは親子のような間柄。両人が無事であるようつとめるのがあなたの仕事であろう」と言ったのである。

義村は、「謀反計画など知りませぬ」とシラを切ったが、政子は「政村を執権にしようと企てているのか。平和を乱そうとしているのか。この場ではっきり申せ」と迫った。たじたじとなった義村は、「政村には逆心はないが、光宗には何か考えがあるようです」と返答した。すると政子は、義村に企てに加担しないことを誓わせたという。

鮮やかな先手を打ったわけだ。これにより三浦氏の動きは封じられ、三代執権には泰時が就任できたのである。

## 三代執権・北条泰時が始めた執権政治とは?

この執権という地位だが、一二〇三年に北条時政が頼家を廃して実朝を将軍とし、政所の別当（長官）についたことをもってはじまりとする。『吾妻鏡』でも、これ以後、時政を「執権」と称しているからだ。ただ、執権というのは複数存在する政所別当のうち、上席の者をさす言葉なので、岡田清一氏は、位階の高い大江広元こそが執権であったと述べる（『北条義時』）。

そういった意味では、政所に加えて侍所の別当を兼ねた北条義時こそが、実質上の初代執権といえるかもしれない。ただ、ここでは通説に従って泰時を三代執権とする。

いずれにせよ、このように承久の乱後も、幕府内では実権をめぐって確執があり、北条泰時の治世当初はかなり不安定な状況だった。しかも泰時を執権にしてくれた北条政子が一二二五年に死去してしまう。そうしたこともあり、泰時は京都の六波羅探題だった叔父の時房を補佐役に据えた。この執権の補佐役を連署《れんじょ》と呼ぶ。ただ、連署は必ずしも執権の下位ではなく、両職に上下関係はなく「幕府が発給する文書に連名で署名を加えることから、二人目の執権を『連署』と呼ぶようになった」（田中大喜編著『図説　鎌倉幕府』戎光祥出版　二〇二一年）のであり、「原則的に二人が執権に就く『複数執権制（執権・連署制）』」（前掲書）になったとするのが正しい理解のようだ。

同年、泰時は有力御家人十一名を評定衆《ひょうじょうしゅう》に登用し、重要政務については執権と連署を加えた十三名の評定によって決定することにした。幕政を執権による独裁から合議制へと大きく切り替えたのだった。評定衆には、泰時の排除をたくらんだ伊賀光宗や三浦義村も入っており、とにかく有力者間の政治的対立をさけ、協調しつつ集団指導体制で幕政を進めていこうというのが、泰時のやり方であった。

これにより、まもなくして幕政は安定を見たのである。

泰時という人は、人間的にも立派な人格者で、飢饉が発生したさいには、農民を救うため自領の富者に米を放出させ、自分も衣装や畳の新調をさけ、昼食を抜き酒宴をひかえたという。「賢人にて、（中略）万人の父母《ぶも》たりし人なり」（『沙石集』）と評され、御家人の泰時に対する信頼は、非常にあつかった。

## 御成敗式目で説かれた武士の道理

集団指導体制によって幕政を安定させた三代執権北条泰時は、一二三二年八月、御成敗《ごせいばい》式目《しきもく》（貞永《じょうえい》式目）五十一カ条を公布した。これは、鎌倉幕府の御家人に適用される初の体系的な武家法典であり、裁判の基準でもあった。御成敗式目の「成敗」とは裁断を意味し、「式目」とは法律のことをいう。

具体的には、泰時が評定衆で法令に詳しい三善康連《やすつら》（康信の息子）と相談し、有能な奉行人など官僚たちに具体的な法令をつくらせ、それらを康連がまとめ、法橋円全《ほっきょうえんぜん》が執筆して完成させた。

それにしても、なぜこのようなものを制定したのか。その理由について泰時は、当時六波羅探題をつとめていた弟の北条重時《しげとき》に書状で詳しく述べている。意訳して紹介してみよう。

「さて、この御成敗式目をつくった事について、何をよりどころにしてつくったのかと、人びとはきっとそしることだろう。確かに、そうしたよりどころはないけれど、ただ、武士の慣習である道理に沿って記したのである。あらかじめ訴訟のあり方を定め、その人の身分の上下に関係なく、公平に裁定するために、詳しく記録しておくのである。

この御成敗式目は、武家の人びとの便宜のために定めた。だから、これによって朝廷の裁決や律令の掟がいささかも変更されるものではない。それに御成敗式目があれば、文字の読めない者もあらかじめ考えることができるうえ、裁判のあり方もコロコロ変わることがないはず。もし京都の人びと（公家）が非難を加えてきたら、この主旨をよく心得て答えなさい」

このように武士の道理に従い、訴訟を公平に裁くために制定したことがわかる。

ただ、古代より朝廷の律令（法律）が存在しており、当時も律令（公家法）は法として機能していた。また、各荘園では本所法と呼ぶ、荘園に適用される独自の法が存在した。にもかかわらず、御家人のための基本法を整備したのは、武士と貴族の道徳や慣習が大きく違っていたからである。

当時の武士（御家人）の生活はたいへん質素で、武勇を尊び武芸を磨くことが最重要とされていた。一族の名誉や主人に対する忠誠、恥を知る態度なども大事なものだとされたが、こうした道徳は「武家のならい」、「兵の道《つわもののみち》」、「弓馬の道」と呼ばれ、のちに武士道へと発展していく。

とくに馬と弓の修練が重視され、犬追物《いぬおうもの》、笠懸、流鏑馬という騎射三物《みつもの》などの射芸に励んで合戦に備えた。犬追物は、馬場の中で逃げ回る犬を馬で追い詰めて射る訓練。笠懸は、遠方の的（当初は笠、後に板）を馬上から鏑矢《かぶらや》で射る稽古。流鏑馬は、馬に乗って道を駆け抜けながら三枚の的を次々と鏑矢で射る習練だ。

こうした鍛練のため、武士の館近くには矢場や馬場が設けられた。近くの山には、狩倉《かりくら》（狩猟や軍事訓練の場）も設置された。そんな日頃の成果を披露する場が巻狩《まきがり》である。大勢の勢子《せこ》に野山を囲ませ、次第に輪を縮めて鹿や猪、兎などの野生動物を真ん中に追い立て、一斉に武士たちが狩猟をおこなうのだ。幕府もたびたび大規模な巻狩をおこない、御家人たちに武芸を競わせたのである。

ともあれ、鎌倉時代の武士は「将軍に奉公を尽くす。武勇を重んじる。一門のほまれをたっとぶ。恥を知る」といった「道理」（道徳）が重んじられ、これが一つの裁判の指標となっていた。

## 御成敗式目で禁止されたこと

また、「右大将家の例」と称する頼朝による判決例が、後の採決の大きな典拠とされていた。泰時はこの「道理」と「先例」を成文化して、裁判の基準たる御成敗式目をつくったのである。

しかも承久の乱に勝利したことで、西国にも御家人が地頭として配置され、武士同士だけでなく、武士（地頭）と西国の荘園領主や農民たちとの争いが急増し、きっちりとした訴訟の拠り所となる成文法を制定しておく必要に迫られたのである。

だから法令では、幕府の守護の仕事（大犯三カ条）を規定したうえで、その範疇を超えて朝廷の国司の国務を妨げたり、税を賦課することを禁じている。

地頭（御家人）についても、荘園領主（貴族や寺社）への年貢を滞留しないよう注意し、不正が明らかになれば弁済させると明記している。

ただ、まことに意外だが、御成敗式目の中には、「神社を修理して祭礼を盛んにしろ」とか「僧侶はしっかりつとめを果たせ。さもなくば寺から追放する」といった宗教的な内容も含まれている。

犯罪については、次のような規定がある。

「喧嘩や酔った勢いで人を殺したら、犯人は死罪か流罪とし、財産を没収する」、「子や孫が殺人を犯した場合、その親や祖父も同罪とする」、「夫が罪を犯した場合、妻の財産も没収する」、「悪口は禁止する。軽い悪口は入牢、ひどい悪口は流罪とする。訴訟中に相手の悪口を言った者は、その時点で敗訴とする」、「相手に暴力を振るったら、領地を没収し、領地がない者は流罪とする」、「偽造文書を作成した御家人は領地を没収。領地がない者は流罪。庶民の場合は顔に焼き印を入れる」

御成敗式目では、不倫も犯罪行為とされ、以下のような処分がなされた。

「人妻との不倫が発覚したら、その御家人の所領を半分没収する。領地を持たぬ者は、配流（遠流）にする。不倫した人妻も同じ処分とする。なお、身分の低い武士の場合は片側の髪を剃る」

## 女性の地位が比較的高かった武家社会

御成敗式目と公家法・本所法の大きな違いは、御成敗式目が女性の相続権を認めたことだろう。また、子供のいない女性が養子を迎えて所領を譲ることも許された。以下その原文を紹介する。

「一、女人養子の事。右、法意の如くばこれを許さずと雖も、右大将家の御時以来当世に至るまで、其の子無きの女人等、所領を養子に譲り与ふる事、不易の法勝計すべからず」

これを現代語訳すると、「一、女性が養子をとることについて。朝廷の律令の見解では認められていないが、源頼朝から現在に至るまで、子供のいない女性が所領を養子に譲り渡すことは、変わることのない法であり、数え切れないほど前例がある」という意味になる。

武家社会では、貴族社会と比較して女性の地位が高く、前述のとおり、北条政子など後家は、亡き夫（当主）と同じような権限を有した。

御成敗式目のユニークな例として、親の悔返《くいかえし》権の容認がある。

いったん子供に土地や財産を譲り、幕府がその子に土地の安堵状を発給した後も、そのことを後悔して気が変わったら、土地を取り戻してよいという決まりである。また、主人が部下に与えた土地についても悔返が可能だった。

この御成敗式目は、必要に応じて順次項目が追加されていった。これを式目追加という。

鎌倉幕府が倒れて室町幕府に代わったさい、御成敗式目はそのまま踏襲され、室町幕府の御家人たちにも適用された。さらに戦国大名がつくった分国法に多大な影響を与えるとともに、その後の江戸幕府の武家諸法度《ぶけしょはっと》にまで影響を及ぼしたといわれる。

すなわち、この御成敗式目は、六百五十年近くにわたり、武士の裁判の基準であり続けたわけだ。また、江戸時代には寺子屋の教科書としても用いられ、庶民にまで広くその内容が知られるようになった。

**鎌倉幕府の裁判制度**

御成敗式目の制定から十七年後（一二四九）、五代執権北条時頼《ときより》は評定衆のもとに引付《ひきつけ》を置いた。

二階堂行方《ゆきかた》ら四名が初代引付衆に就任したが、彼らは右筆《ゆうひつ》（書記官）出身の有能な文官（官僚）が多く、その仕事は激増する御家人の所領に関する訴訟沙汰を迅速に、そして公正に解決することにあった。

これを聞いて幕府の裁判業務は、「問注所が担当することになっていたはずでは？」と不思議に思う方もいると思うので、少し解説しよう。

問注所は幕府の裁判所であり、京都から下ってきた貴族の三善康信を執事（長官）として一一八四年に頼朝邸内で発足している。この組織は、朝廷や貴族の家政機関にないことから幕府独自のものだとされる。御家人たちの争いは問注所に持ち込まれ、ここで審査がなされた後、被告と原告に口頭弁論させた。ただ、問注所の役人が判決を下すことはなく、その経緯を鎌倉殿の頼朝に伝え、頼朝の面前で当事者の対決が行われ、最終的に頼朝が判断を下した。

頼朝の死後、問注所は独立した建物に移された。ただ、引付が設置されると、御家人の土地関係の訴訟（所務沙汰《しょむざた》）は引付がになうことになり、刑事訴訟（検断沙汰《けんだんざた》）は侍所が担当し、問注所は雑務沙汰《ざつむざた》といって債権や動産に関する訴訟を主に扱うようになった。しかし、この三分類は必ずしも明確ではなく、担当が移行することもあったらしい。訴訟全般の受理は問注所がおこなったようだが、次第に古文書の保管や書類の過誤を調査する機関と化し、力を失っていった。

では、新たに設置された引付の裁判過程について簡単に紹介しよう。

引付には三方（三局）が置かれたが、やがて五方に拡大されていく。それぞれの部局は、リーダーである引付頭人《とうにん》のもとに数名の引付衆で構成された。

訴訟手続きを引付沙汰というが、まず原告の訴状は、先述のとおり、幕府の問注所に提出される。ここで訴えを受理するかどうかを審査し、受理が決定すると、問注所の役人はただちに引付衆へそれを回送した。

引付衆では、その訴訟の担当者をくじで決定する。こうして担当が決まると、その者から被告に対して問状《といじょう》（陳弁を求める書）が発送される。

被告（訴人）から送られてきた陳状《ちんじょう》（陳弁書）は、訴えられた原告（論人《ろんにん》）に披露される。これに対して原告の反論が二度目の訴状でなされ、さらにその訴状を読んで、再び被告のほうが陳状で反論する。これと同じ事を三度繰り返した。この三問三答の書面対決の結果、御成敗式目に照らしてどちらかの非が明らかになった場合、この時点で引付は判決を下す。だが、もしそれでも決着がつかないときは、引付は召状《めしじょう》を原告と被告に発して、両者を引付衆の面前に呼び出し、口頭弁論で直接対決させるのである。

そして、弁論の結果にもとづき引付衆は判決案をつくり、その原案を評定会議（評定衆で構成する幕府の最高会議）へ送るのである。

こうして評定会議において訴訟の判決がくだるのだ。

判決が出た後、判決書（下知状《げちじょう》）が作成され、勝訴人に引付衆の訴訟担当者から渡されるのである。

# 第四章　「得宗専制政治」

## 三浦氏討伐によりますます勢いづく北条氏

三代執権北条泰時の治世約二十年は、幕府が最も安定した時期だった。だが、泰時が一二四二年に六十歳で没すると、まもなく政争が始まる。四代執権経時がまだ十九歳だったことが大きい。本来なら泰時の嫡男時氏《ときうじ》が執権になるべきだったが早世しており、嫡孫の経時が継いだのだ。しかもそれから四年後、その経時も二十三歳の若さで死去してしまう。経時の子は幼児だったので、経時の弟・時頼が二十歳で五代執権となった。

これに不満を持ったのが、自分が執権になりたかった名越《なごえ》流北条光時《みつとき》（時頼の従祖父）である。そこで光時は、前将軍・頼経や評定衆（有力御家人）の三善康持《やすもち》や千葉《ちば》秀胤《ひでたね》、後藤基綱《とうもとつな》や狩野為佐《かのうためすけ》らと結び、密かに時頼の排斥を企てた。この頃、初めての摂家将軍・頼経は、将軍職を嫡男の頼嗣《よりつぐ》に譲り、大殿と呼ばれて幕府内に隠然たる力を持つようになっていた。

この計画を知った時頼は鎌倉の七口を封鎖し、大殿頼経の御所を兵で囲むという先手を打った。そして頼経を京都へ送還し、関係者を一斉に配流したのだ。さらに、時頼は事件の裏で糸を引いていたのは三浦氏だと考え、高野山《こうやさん》にいた外祖父・安達景盛《かげもり》を鎌倉へ呼び寄せ、三浦氏の討伐計画を練っていく。三浦半島を拠点にする三浦氏は、頼朝の挙兵に力を貸し、頼朝亡き後は北条氏と縁戚関係を結び、他の有力御家人を排除するなど幕府のなかでは北条一族に並ぶ力をつけていた。

そして、いよいよ時頼は三浦氏の討伐に乗り出していく。外祖父の安達景盛に三浦氏が暴発するよう挑発させ、自分は両者を仲介するふりをして三浦氏を油断させたうえで、安達氏に三浦氏の館を襲撃させ、北条氏一族に出撃を命じたのだ。

三浦泰村《やすむら》以下三浦一族は、頼朝の墓所法華堂《ほっけどう》に籠もって激しく抵抗したが、ついに力尽き郎党ともども自害して果てた。その数は五百名に及んだという。翌々日時頼は、三浦泰村の娘婿・千葉秀胤のもとへも兵を差し向け誅殺した。こうして時頼の時代、北条氏の力はますます強まったのである。

一二五二年、時頼は将軍頼嗣も謀反の疑いをかけ京都へ強制送還し、代わって宗尊《むねたか》親王（後嵯峨《ごさが》上皇の第一皇子）を六代将軍（鎌倉殿）に迎えた。これを宮（親王）将軍と呼び、以後、幕府が滅亡するまで四代続いた。

## 得宗専制政治の確立

強引な時頼だったが、質素倹約を奨励し、博打や飲酒を戒め、弱者を保護する善政をしいた。病になったのを機に出家し、最明寺入道《さいみょうじ》と号したが、その後も幕府に隠然たる力をもち、義弟で執権の長時《ながとき》を後見した。だが、一二六三年、まだ三十七歳の若さで没してしまった。

善政をおこなったこともあり、後に「時頼は出家した後に各地をめぐって勧善懲悪をおこなった」とする水戸黄門同様の廻国伝説が生まれた。

ちなみに北条義時を祖とする泰時、時氏、時頼と続く北条氏嫡流の当主のことを得宗《とくそう》と呼ぶようになった。これは、北条義時が徳宗《とくそう》と号したことに由来するが、時頼の時代に摂家将軍を追放し、三浦氏を滅ぼしたことで、得宗は大きな権力を握るようになった。

次いで時頼の子・時宗《ときむね》（八代執権）は元寇のさい、北条一族を多数西国の守護にすえ、評定衆を軽視して御内人《みうちびと》（得宗家の家来）の寄合（秘密会議）で重要事項を決定することが多くなり、ますます得宗の力は強くなっていった。

しかし、その時宗もまだ三十四歳の若さで没してしまう。時氏、経時、時頼と、どうも得宗家は歴代、短命の家系だったようだ。

時宗の子・貞時《さだとき》が十四歳で北条氏嫡流の家督を継いで得宗になると、政治の実権は御家人の代表である貞時の外祖父の安達泰盛《やすもり》が握るようになった。

泰盛は御内人の力を抑え、執権政治の維持と御家人の保護につとめたとされるが、近年は本所一円地（地頭がおらず、荘園領主が支配している領地）の武士を御家人にしようとするなど、御家人制の拡大をはかったため、これに反発する御家人も少なくなかったという説が有力になっている。

いずれにせよ、御家人が増えると北条氏の力が低下するのではないかと危惧した内管領《うちかんれい》（御内人の代表）平頼綱《よりつな》は、「泰盛の子・宗盛が謀反をたくらみ、将軍の地位について幕府の実権を握ろうとしている」と貞時に讒言《ざんげん》、貞時の許可を得て一二八五年に泰盛の館を襲撃した。

対して泰盛は、小笠原《おがさわら》氏、三浦氏、伊東《いとう》氏、吉良《きら》氏ら有力御家人を率いて奮闘、そのために鎌倉中に火の手があがり、将軍御所も焼失するほどの激戦となった。しかし、結局戦いは安達氏方の敗北に終わり、主たる武将五百人余りが自害して終息した。この戦いを霜月騒動と呼ぶが、以後、御家人勢力は御内人に屈服せざるを得なくなった。

霜月騒動で勝利した内管領・平頼綱は、幕府の実権を掌握したが、やがて成人した貞時が、一二九三年に頼綱の専横を嫌ってこれを討ち、自ら政治をとるようになった。

これにより、得宗・北条貞時を頂点とする御内人による専制体制が確立する。これを得宗専制政治と呼んでいる。

## 元寇を機とする御家人の貧窮化

御家人は鎌倉後期に次第に貧窮化していくが、その原因の一つが元寇である。チンギス・ハーンの孫で一二六〇年に即位したフビライ・ハーンは、南宋《なんそう》への侵略をすすめるとともに、一二六八年に日本に高麗使《こうらいし》を派遣し、朝貢《ちょうこう》を要求してきた。

このときの幕府の執権は七代政村《まさむら》だった。政村は北条氏の傍流（三代執権・泰時の異母弟）で中継ぎとして六十歳で執権になった。ただ、この書状が届いたことを機に、得宗で十八歳の時宗に執権の地位を譲った。それからもたびたびフビライが服属を求めてきたが、時宗は、これを黙殺。

都を大都《だいと》（北京）へ移したフビライは一二七一年、国号を元として一二七三年、朝鮮の江華島《こうかとう》や済州島《さいしゅうとう》（耽羅《たんら》）を拠点に抵抗する三別抄《さんべつしょう》（旧高麗軍の一部）を平定すると、一二七四年に三万の兵を日本へ派遣した。元軍は対馬《つしま》・壱岐《いき》を攻め、九州北部の博多付近に上陸した。幕府は九州に所領を持つ御家人を総動員して迎撃したが、敵の集団戦法や「てつはう」と呼ぶ火薬兵器などに苦戦した。しかし理由は不明だが、元軍は一日で撤退した。これを文永《ぶんえい》の役と呼ぶ。

翌一二七五年、フビライは杜世忠《とせいちゅう》を使者として送って再び日本に服従を求めてきた。時宗は鎌倉の入口である竜《たつ》の口《くち》で杜を斬り捨て、戦う意志を明らかにし、異国警固番役を強化、西国の御家人たちを交替で博多周辺など北九州沿岸の防備にあたらせた。

一二七六年からは博多沿岸に二十キロにおよぶ石築地《いしついじ》（石塁、防塁、元寇防塁とも）を構築させた。また、御家人でない武士に対しても守護のもとで防備にあたらせ、九州では非御家人にも異国警固番役をつとめさせた。これにより、地頭がいない地域にも幕府の支配が及ぶようになった。

一二七九年に南宋を滅ぼしたフビライは、一二八一年、軍を東路軍《とうろぐん》と江南軍《こうなんぐん》の二手に分け、合わせて十四万の大軍を渡海させた。元軍は対馬、壱岐を侵して博多湾へ上陸しようとした。

東路軍は高麗と元の混成軍で、その人数は四万。九百隻に分乗して朝鮮の合浦《がっぽ》から来襲した。江南軍（主に南宋軍）十万（三千五百隻）は少し遅れて寧波《ニンポー》を出立した。

日本軍は善戦し、二カ月間敵の上陸を許さず、やがて暴風雨（台風）によって元軍は壊滅的な打撃をこうむって撤収していった。これを弘安《こうあん》の役という。

元寇での元軍と御家人との戦いの様子を知ることができるのは、肥後《ひご》国の御家人・竹崎《たけざき》季長《すえなが》が描かせた「蒙古襲来絵巻（絵詞《えことば》）」だけである。季長は子孫に自分の奮戦する姿を残すため絵師に描かせたとされる。教科書では戦闘場面のみが掲載されているが、この絵巻は戦後に恩賞が下賜されるまでの物語になっている。

一二八一年の弘安の役の後、いくら待っても恩賞の沙汰がなく、しびれを切らした季長は肥後から鎌倉まで陳情のために赴いたが、誰も相手にしてくれず、ようやくのこと幕府の実力者・安達泰盛に哀訴でき、恩賞を獲得し意気揚々と帰国したのである。

季長は幸運だったといえる。というのは、一部の者を除き、御家人には満足のいく恩賞が出なかったからだ。

恩賞とはすなわち土地の下賜（新恩給与）のこと。国内戦なら敵の土地を没収して勝者に地頭職を与えることができるが、元という外国との戦にそれを期待するのはそもそも無理な話であった。ただ、いっぽうで御家人たちは命をかけて戦い、多くが討死し、あるいは傷つくといった多大な犠牲を払っていた。にもかかわらず幕府が十分な恩賞を出せなかったため、多数の御家人が経済的な打撃を蒙ってしまう。

## 分割相続の繰り返しと貨幣経済の発達による貧窮化

こうして元寇後、御家人の貧窮化が進むが、その原因を恩賞の少なさだけに帰すのは正確ではない。

当時の相続制度にも武士が貧窮化する要因が潜んでいた。

鎌倉時代の武士は、血縁集団を中核に絆の強い団結を保っていた。宗家と分家が集合して〇〇一門あるいは〇〇一家を形成し、戦のときには一丸となって戦った。一門・一家のリーダー（宗家の首長）を惣領《そうりょう》（家督）と呼び、それ以外の一族を庶子《しょし》と称した。合戦では惣領が一門・一家の指揮官となるが、平時でも一族の所領と庶子を強い統制下に置いていた。鎌倉殿（将軍）と主従関係を結ぶのは惣領であり、課された番役（京都や鎌倉の警備）や荘園などへの貢納といった平時の奉公や職務を庶子に分担させるのも惣領の役目だった。

また、本領安堵や新恩給与といった御恩も惣領に与えられ、惣領がそれを庶子に分配するかたちをとった。先祖の祭祀や氏神・氏寺の管理も惣領の仕事だった。こうした武士団の支配構造を惣領制と呼ぶ。

ただ、惣領と庶子だけで武士団が構成されているわけではない。家臣として一門・一家に仕えている郎党《ろうどう》がおり、さらにそれより身分の低い、武家に隷属して労働力を提供する下人《げにん》・所従《しょじゅう》がいた。彼らは売買の対象にされることも珍しくなかった。

そんな鎌倉時代の武士たちは、分割相続と呼ぶ相続制度をとっていた。惣領から次の惣領候補者が主要財産を相続した後、残る所領などを庶子たちが分割して相続するのだ。前述のとおり、武家の女性の地位は比較的高く、女性差別は存在したものの、相続のさいも男性と同じように遺産が分配され、ときには女性が御家人になるケースも見られた。ただ、鎌倉後期に入ると、女性の地位はさらに低下し、相続権は徐々に剝奪されていった。

ともあれ、分割相続をおこなえば、新恩給与がない限り、惣領（＝御家人）の有する領地は代替わりごとに減っていくわけだ。そんな相続を繰り返すことによって御家人は貧窮化し、やがて自給さえ困難になる御家人が増えていった。

さらに貧窮化の要因をもう一つ。貨幣経済の発達である。鎌倉中期になると、全国に貨幣が流通するようになり、高利貸である借上《かしあげ》も登場する。御家人のなかには借上から金を借り、返済できずに先祖伝来の土地を手放す者も増加した。

元寇によるダメージ、分割相続による土地の細分化、貨幣経済の発達などが相まって御家人の多くが経済的に苦しくなったのである。

この状況に対して幕府は、一二九七年、売却や質流れによって失った所領を取り戻してよいとする法律を出した。同時に御家人の金銭に関する訴訟を受け付けないことにした。これを永仁《えいにん》の徳政令《とくせいれい》と呼ぶ。ただ、以降の土地の売却や質入れを禁止したので、御家人たちは金策ができなくなった。つまり、この法令で一時的に御家人は救われたが、金が借りられないということで結果的に困窮状態になり、その後も密かに所領を手放す者は減らず、御家人の貧窮化は止まらなかった。

こうしたなかで、得宗が幕府の政治を独裁し、北条一族が全国の守護の過半を占め、評定衆、引付衆、六波羅探題、鎮西探題などの要職も北条氏の独占状態になった。結果として、御家人たちの不満は北条一族に向かい、そんな彼らが力を握る鎌倉幕府に対する忠誠心は薄れていったのである。

## 皇位継承にも影響を及ぼした幕府の意向

承久の乱後に三上皇が処罰され、天皇が廃されたことはすでに述べた。かわって皇位についたのは、守貞《もりさだ》親王の第三子・茂仁王《ゆたひとおう》、のちの後堀河《ごほりかわ》天皇である。後堀河の父・守貞親王は、高倉《たかくら》天皇の第二皇子で、兄は清盛の娘・建礼門院《けんれいもんいん》（平徳子《とくし》）が産んだ安徳天皇だった。

この時代、朝廷では院政がなされていたが、承久の乱に連座して上皇（院）がいなくなったので、幕府は異例ながら皇位についたことのない守貞親王に院政をおこなわせた。こうして守貞は後高倉《ごたかくら》院と改め、十歳の息子・後堀河天皇を奉じて政治をとった。その後、後堀河は一二三二年に第一皇子の秀仁《みつひと》親王に譲位して院政を始めたが、病弱のため二年後に二十三歳で崩御。秀仁親王は二歳で即位して四条《しじょう》天皇となったが、四条には叔父や弟もおらず、高倉皇統で唯一の男系となった。このため貴族たちは配流先で生きていた後鳥羽上皇と順徳上皇が都に戻れるよう、鎌倉幕府に打診したが、執権北条泰時は許さなかった。しかも十二歳のとき四条天皇は転んで頭部を打ち、亡くなってしまう。

朝廷では、忠成王《ただなりおう》（岩倉宮。順徳天皇の皇子）と邦仁王《くにひとおう》（土御門上皇の第二皇子）が候補に挙がったが、四条の外祖父・九条道家や西園寺公経は忠成王の擁立を決め、幕府に許可を求めた。

ところが北条泰時は、邦仁王に皇位を継がせるように命じたのである。貴族たちは不満であったが、幕府の決めたことに逆らう力はなかった。

泰時が邦仁王を推したのは、その父・土御門上皇が承久の乱に関与していなかったからだとされる。積極的に与した順徳の子・忠成王を天皇にするなど論外だったのだ。しかも順徳は配流先（佐渡）で存命だったので、彼が帰洛して朝廷の実権を握ることを危惧したのかもしれない。いずれにせよ、幕府の意向で皇位が左右される時代になったのである。

邦仁王は即位して後嵯峨《ごさが》天皇となったが、貴族に選ばれたわけではないので、朝廷内で孤立しがちであった。当初、朝廷は九条道家が牛耳っていたが、彼の息子で幕府の四代将軍・頼経が謀反の罪で鎌倉から追放されると、道家も連座して蟄居させられた。

後嵯峨天皇は、中宮の藤原姞子《きっし》が皇子を産むと、その子・久仁《ひさひと》親王を四歳で即位させて御深草《ごふさくさ》天皇とし、自分は上皇として院政を開始した。このときは道家が健在だったが、彼の失脚後は朝廷の実権を握った。

一二五九年、後嵯峨上皇は、息子の後深草を譲位させてその弟の恒人《つねひと》親王を亀山《かめやま》天皇とした。ただ、後深草にすでに皇子・熙仁《ひろひと》がいたのに、亀山天皇の皇子・世仁《よひと》を皇太子にすえたのだ。後深草も亀山も同じ藤原姞子から生まれたのだが、どういうわけか後嵯峨は、亀山を偏愛した。この後嵯峨上皇の態度が、のちに皇統を分裂させることになる。

一二七二年、三十年ちかく院政をしいた後嵯峨法皇が崩御した。臨終のさい後嵯峨は「治天の君」を決定せず、鎌倉幕府の判断に委ねた。「治天の君」とは、天皇家の惣領（家督・リーダー）のことを指し、実質的な朝廷の権力者である。

後嵯峨上皇は、北条泰時の意向で皇位についたので、後継者の指名を遠慮したらしい。そこで幕府は、後嵯峨の中宮・藤原姞子に対し、生前の後嵯峨の気持ちを問うた。姞子が亀山上皇を寵愛していた事実を告げたので、幕府は亀山を治天の君とした。これにより亀山は我が子・世仁（後宇多《ごうだ》天皇）を即位させて院政をはじめた。

すると失望した後深草上皇は、世をはかなんで出家しようとした。この噂を聞いた執権北条時宗は、後宇多天皇の皇太子に熙仁（後深草の子）をすえるよう命じたのである。

これにより後深草系統も「治天の君」を相続できる家系になり、以後、半世紀近くにわたり、両統は天皇家の惣領権や皇室領をめぐり、水面下で激しい勢力争いを演じることになる。後深草系統を持明院統《じみょういんとう》、亀山系統を大覚寺統《だいかくじとう》と呼ぶ。

## 倒幕に至るまでの天皇家の変遷

後宇多天皇の後は、一二八八年に後深草の第一皇子・煕仁親王が即位して伏見《ふしみ》天皇となった。持明院統の名は、この伏見天皇が持明院殿に住していたことに由来する。

翌年、伏見の皇子・胤仁《たねひと》親王が皇太子となり、持明院統が優勢になったが、その翌年の三月、浅原為頼《あさはらためより》らが御所内に乱入して伏見天皇を殺害しようとしたのだ。このとき天皇の居所を聞かれた女官が機転を聞かせて違う場所を教え、その隙に伏見天皇は女装して難を遁《のが》れた。目的を遂げられなかった為頼らは自害した。

ただ、浅原の刀は大覚寺統に近い公家・三条実盛《さんじょうさねもり》のものと判明、六波羅探題に拘引されて取り調べを受けた。また、大覚寺統の亀山上皇も事情を聞かれたが、関与を否定したため、幕府もそれ以上の追及をあきらめた。

伏見天皇は、一二九八年に第一皇子の胤仁親王（後伏見《ごふしみ》天皇）に譲位して上皇となったが、この間、大覚寺統が巻き返しをはかり、同派の公卿・吉田《よしだ》定房《さだふさ》が「後嵯峨上皇の遺志とは違う」と幕府に直訴、結果、大覚寺統の後宇多上皇の第一皇子・邦治《くにはる》親王が皇太子となり、一三〇一年に即位して後二条《ごにじょう》天皇となった。皇太子には、持明院統の富仁《とみひと》親王（伏見天皇の第三皇子）が擁立された。

一三〇八年、後二条が二十四歳で崩御したため、富仁が即位して花園《はなぞの》天皇となった。花園は十二歳であったが、皇太子には大覚寺統から天皇より九歳年長の後宇多上皇の第二皇子・尊治《たかはる》親王が立った。この尊治こそが、のちの後醍醐《ごだいご》天皇であり、やがて倒幕に成功して建武政府を樹立するのである。

さて、繰り返しになるが、鎌倉時代の朝廷は、完全に鎌倉幕府に服従していたわけではない。逆の言い方をすれば、幕府は全国政権とは言えなかった。幕府が完全に支配下に置いていたのは東国であり、その他の地域には貴族を領主とする荘園、朝廷の公領、大寺社の荘園などが散在しており、そうした人々に仕える武士（非御家人）も少なくなかった。それでも鎌倉後期になると、朝廷への幕府の関与は強まっていく。ちなみに、幕府から朝廷への連絡経路だが、鎌倉幕府⇄京都の六波羅探題⇄関東申次《もうしつぎ》（朝廷の担当者。西園寺家が世襲）というルートを基本とした。

ただ、木下竜馬氏は「幕府から公家政権・大寺社へのはたらきかけは、命令ではなく要請・お願いのかたちでなされる」（『鎌倉幕府と室町幕府』）のであり、「公家社会内部で解決できないことが幕府に委ねられ、それがいっそう公家社会の自浄能力を失わせる循環を生ん」(前掲書)だと考えられ、「時代が下るにつれ、幕府の介入が求められる領域がなし崩し的にどんどんひろがっていった」(前掲書)と論じている。幕府が積極的に朝廷に介入したのではなく、公家たちに頼まれて仕方なく関与したというのは興味深い。

**鎌倉幕府の滅亡**

大覚寺統から即位した後醍醐天皇は、後宇多上皇の院政を停止し、記録所《きろくしょ》を再興して親政をはじめた。また京都の米価を設定し、公設市をつくって商人に定価販売を命じたり、関所の新設を禁じる政策も推進した。後醍醐は剛毅な性格のうえ、君臣の名分を正して絶対的王権を確立しようとする宋学の大義名分論の影響を受けており、「我が国では天皇が政治をとるのが有るべき姿なのだ」という考えに至り、やがて幕府からの政権奪回をもくろむようになったとされる。

一三二四年、後醍醐の意を受けた日野資朝《ひのすけとも》、日野俊基《としもと》ら倒幕派公家は、土岐頼員《ときよりかず》、多治見国長《たじみくになが》といった武士を引き込み挙兵を申し合わせたが、事前に露見して計画は失敗に終わった。これを正中《しょうちゅう》の変と呼ぶが、後醍醐天皇は事件と無関係を装い、罪を免れた。ただ近年は本当に後醍醐は関係なく、彼を失脚させようとした敵対勢力の陰謀だとする説もある。

後醍醐天皇はその後も、子の尊雲《そんうん》（護良親王《もりよし》）を天台座主《てんだいざす》にして仏教勢力を味方につけ、日野俊基らに倒幕計画を進めさせた。このため後醍醐の重臣・吉田定房は心配のあまり幕府へ訴え出たので、一三三一年、俊基ら関係者が逮捕され厳罰に処された。だが、しばらくして後醍醐は笠置山《かさぎやま》に拠って兵を挙げたのである。

幕府は大仏貞直《おさらぎさだなお》、金沢貞冬《かねさわさだふゆ》ら北条一族や足利高氏《あしかがたかうじ》（尊氏）を大将にして笠置山に大軍を派遣。敗れた後醍醐は捕縛され、翌年、隠岐へと配流された（元弘《げんこう》の変）。

後醍醐に代わって皇位についたのは、持明院統の光厳《こうごん》天皇であった。

後醍醐天皇が倒幕の決意をしたのは、先述のとおり幕府から御家人の心が離れ、得宗や北条一族に対する強烈な不満が渦巻いていたからだ。とくに得宗の北条高時《たかとき》は、内管領の長崎高資《ながさきたかすけ》に政治を一任。高資は奥州の安東《あんどう》氏の内紛が起こった際には、両派から賄賂を受け取りながら、結局何も調停しないという無責任な態度を取り、御家人の恨みを買っていた。高時も危機感を覚え、一三三一年に高資の暗殺を企てたといわれるが失敗し、高資の専横はますますひどくなっていった。

元弘の変後も、とくに後醍醐の皇子・護良親王や河内の悪党・楠木正成《くすのきまさしげ》が頑強な抵抗をみせ、護良親王は全国に倒幕を呼びかけた。

播磨《はりま》の赤松《あかまつ》氏、伊予《いよ》の河野《こうの》氏など、これに呼応した武士たちが各地で兵をあげると、一三三三年に後醍醐も隠岐を脱出した。

このため幕府は、反乱を鎮圧するため有力御家人である足利高氏を上洛させたが、なんとその高氏が、にわかに離反して幕府の六波羅探題を滅ぼしたのである。

同時期に上野国で挙兵した新田義貞は大軍で鎌倉へ攻め入り、北条一族を東勝寺《とうしょうじ》で自害させた。こうして約百五十年間続いた鎌倉幕府は、一三三三年五月に滅亡したのである。

第二部

# 室町幕府

## 南北朝を統一し武家政権を強化するが、全国統治の意識は低かった

## 室町幕府の職制

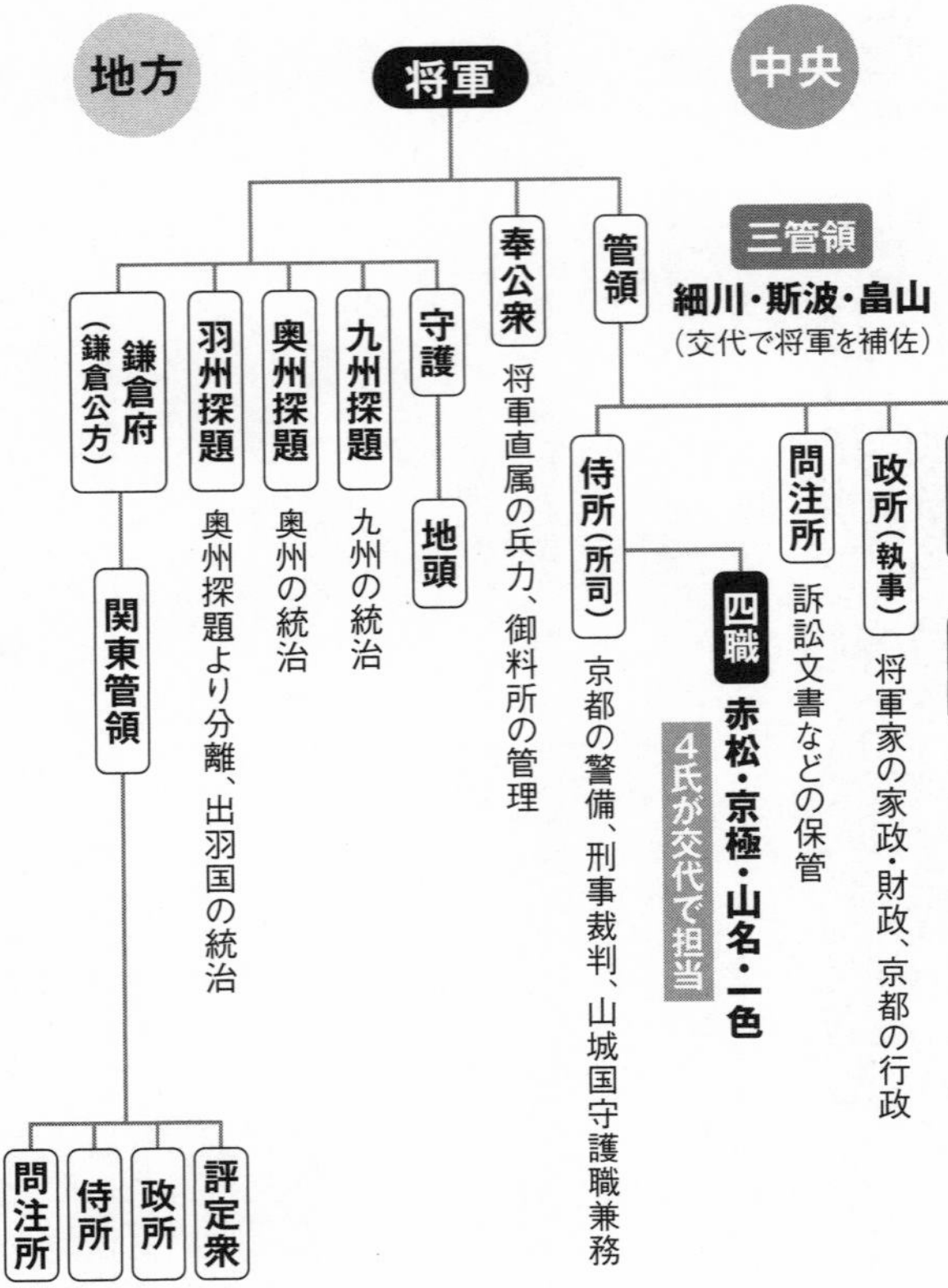


※「歴史道」vol.24の図版を基に作成

# 第一章　「室町幕府の成立」

## 不満を集めた後醍醐天皇の専制政治

鎌倉幕府が倒れると、後醍醐《ごだいご》天皇は京都の朝廷に戻り、鎌倉幕府が擁立した光厳《こうごん》天皇を退位させ、自ら政治をとりはじめた。

翌年、後醍醐は漢を再興した光武《こうぶ》帝が用いた「建武《けんむ》」という元号を採用したので、その政治を建武の新政、後醍醐の政権を建武政権や建武政府と呼ぶ。

建武政府は、かつての朝廷の制度をそのまま復古したものではなかった。後醍醐は延《えん》喜《ぎ》・天暦《てんりゃく》の治（醍醐《だいご》・村上《むらかみ》天皇による理想的な治世とされた）の再現をかかげつつ、院政や摂政・関白を廃して親政をおこなったが、公家と武家を統一した新しい政治を展開したのである。

その職制だが、中央に記録所《きろくしょ》、雑訴決断所《ざっそけつだんしょ》、恩賞方《おんしょうがた》が設置された。

記録所とは、記録荘園券契所《きろくしょうえんけんけいじょ》の略称で、もともとは一〇六九年に後三条《ごさんじょう》天皇が荘園を整理するための機関として設置したのがはじまりである。その仕事の内容や役割は時代とともに増加・強化されていったが、後醍醐天皇は国家の最高機関として記録所を改めて設置したのだ。

雑訴決断所は、所領関係の訴訟のために置かれた役所。当初、すべての訴訟や裁判は記録所がになっていたが、あまりに業務が増えたので所領に関する裁判は、新設された雑訴決断所が請け負うことになった。ただ、鎌倉幕府の引付衆《ひきつけしゅう》や奉行人《ぶぎょうにん》をそのまま登用したり、業務拡大に伴って才能の有無にかかわらず増員したため、批判も高まった。

恩賞方は、倒幕に貢献した者に恩賞を与える業務をおこなう役所だ。

地方である陸奥《むつ》と鎌倉には、出先機関として将軍府を置いた。鎌倉将軍府には将軍（長官）として成良《なりよし》親王を配し、足利直義《ただよし》（尊氏《たかうじ》の弟）に補佐させた。また、陸奥将軍府には義良《のりよし》親王を将軍として配し、公家北畠親房《きたばたけちかふさ》の子・顕家《あきいえ》に補佐させた。

建武政府は、旧鎌倉幕府の制度を無視することができず、地方には古代以来の国司《こくし》だけでなく守護もそのまま併置するかたちをとった。鎌倉将軍府や陸奥将軍府にも鎌倉幕府の御家人たちを重用している。

とはいえ権力を握った後醍醐は、「今の例は昔の新儀也。朕《ちん》が新儀は未来の先例たるべし（今行われている儀式や法令は、昔は新たにつくられたものだった。だから私がおこなう新儀は、未来の先例なのだ）」（『梅松論《ばいしょうろん》』）と豪語し、専制政治をおこないはじめた。たとえば土地の安堵《あんど》（所有権の承認）には必ず天皇の綸旨《りんじ》を必要とするとか、大内裏《だいだいり》造営のため紙幣や銅銭を発行しようとしたり、荘園公領に増税するなど無茶な政策をおこなった。さらに武家だけでなく公家の慣習を無視したので、あらゆる層から反発を受けた。とくに人事や恩賞、所領争いの判決は、公家を有利にしたことで武士が猛烈に不満を持つようになる。

『建武年間記』には、親政の不満を記した二条河原落書《にじょうがわらのらくしょ》が掲載されている。以下、一部を意訳して紹介する。

「この頃、都に流行っているもの。夜討や強盗。偽物の綸旨。囚人や変乱を告げる急使の早馬。何もないのに起こる騒動。斬られた生首。僧侶が一般人に戻ること。勝手に僧になること。急に大名になる者。路頭に迷う者。土地の安堵や恩賞。していない戦争をしたと言い張る者。本領安堵などのため、本領を離れ細葛籠《つづら》に証拠書類を入れて上京してくる訴訟人。おべっかを使う者。讒言《ざんげん》をする者。政治に関与する禅宗や律宗の僧。上の者を凌《しの》いで成り上がる者。能力の有無を確かめず、どんどん人を任用する雑訴決断所。つけ慣れない冠や絹、笏《しゃく》などをもって、内裏に出入りするのは滑稽だ」

## 幕府再興のため反旗をひるがえした足利氏

こうしたなか早くも一三三五年、北条時行《ほうじょうときゆき》を首領とする大規模な反乱が関東で勃発した。時行は、鎌倉幕府最後の得宗・北条高時《たかとき》の子で、信濃《しなの》国に隠れ潜んでいたが、旧御内人《みうちびと》たちに擁立されて立ち上がったのである。この騒動を後に中先代《なかせんだい》の乱と呼ぶようになった。鎌倉時代の北条氏を先代と呼び、室町時代の足利氏を当代といったが、その中間で北条氏の再興をはかったという意味で中先代と称するようになったのだ。

建武政府の出先機関であった鎌倉将軍府の軍勢は、時行軍に各所で敗れ、ついに将軍府の拠点である鎌倉に迫ってきた。そこで直義は成良親王を連れて鎌倉を離脱、その後は三《み》河《かわ》国まで逃れ、京都にいる兄・尊氏に応援を求めた。

弟の窮地を知った尊氏は、後醍醐に援軍に向かう許可を求めたが、後醍醐は許さなかった。尊氏がそのまま関東から戻らず、建武政府に反旗をひるがえすのを恐れたからだという。けれど尊氏は弟を救うため勝手に関東へ下向してしまう。そこで仕方なく後醍醐は尊氏を征東将軍《せいとうしょうぐん》に任じたが、乱を平定した尊氏は後醍醐が予測したとおり、京都へ戻ろうとしなかった。武家政権（幕府）の再興を願う直義が上洛しようとする兄の尊氏を引き留めたのだといわれる。

このため後醍醐は、尊氏の行動を謀反と見なし、新田義貞《にったよしさだ》に大軍を与えて関東へ差し向けた。ところが新田軍は、逆に足利軍に敗れて撤退する。それを追って足利軍が京都へ入り込んだので、後醍醐は比叡山《ひえいざん》に退避した。しかし上洛した陸奥将軍府の北畠顕家に力を得た新田義貞や楠木正成らが足利軍を撃破。敗れた尊氏・直義は九州へと敗走した。

しかし尊氏・直義は短期間で勢力を回復し、大軍を率いて海と陸から東上し、湊川《みなとがわ》で楠木正成を討ち、さらに新田義貞をやぶって京都へなだれ込み、一三三六年、建武政府を崩壊させたのである。後醍醐天皇は尊氏に降伏して三種の神器（天皇の象徴）を返還し、持明院統《じみょういんとう》から光明《こうみょう》天皇が即位した。

ところが、ほどなくして後醍醐は京都から脱出、大和《やまと》の吉野《よしの》まで逃れると、そこで政治を再開した。これが南朝のはじまりである。

## 室町幕府の成立と南北朝の動乱

光明天皇（北朝）を擁立した尊氏は、その権威を背景に己の政権の正当性を獲得、一三三六年には建武式目《けんむしきもく》を制定した。式目というが、これは鎌倉幕府の御成敗式目《ごせいばいしきもく》（貞永《じょうえい》式目）

と異なり、尊氏のかかげた政治の基本方針を示したもの。尊氏が明法家《みょうぼうか》（法律家）の中原《なかはら》道昭《みちあき》（是円《ぜえん》）・真恵《しんえ》兄弟に諮問し、彼らがそれに答える形式をとっている。

建武式目の内容だが、「鎌倉幕府は鎌倉に政権を置きましたが、大切なのは為政者のあり方です。人びとが拠点の移動を希望するなら、それに従ってもよいと思います。政治は、鎌倉幕府の手法を踏襲するのがよいでしょう。倹約、多数での酒宴などを禁じ、守護などの役人は能力に長けた武士を選ぶべきです」といった十七カ条の基本政策が提言されている。

結局、尊氏は政権を京都におくことに決めた。それから二年後、尊氏は朝廷から征夷大将軍に任じられ、正式に京都に幕府を開いた。これが後の室町幕府である。

ただ一方で、後醍醐天皇が立ち上げた吉野の朝廷（南朝）も健在だった。それどころか、多くの武士が吉野に集い大勢力となり、室町幕府を悩ますようになった。

この南朝と幕府（京都の北朝）は、以後、六十年ちかくにわたって抗争を続けることになった。これを南北朝の動乱（内乱）と呼ぶ。

## 南朝も巻き込んだ幕府の内紛――観応の擾乱

初期の幕府では、尊氏が実権のすべてを掌握していたわけではない。弟の直義と権力を分担する二頭政治が展開されていた。尊氏が軍事指揮権をにぎり、直義が裁判権や行政権を握って一般政務を取りしきったのである。しかしやがて、急進的な尊氏の執事・高師直《こうのもろなお》と保守的な直義が対立するようになる。その背景には、師直を支持して所領を拡大していこうとする新興の中小武士団と、直義のもとで鎌倉幕府以来の制度を維持しようとする有力御家人層の対立があったといわれている。しかもこの両者の対立から武力衝突が起こり、とうとう内乱に発展してしまう。世にいう観応《かんのう》の擾乱《じょうらん》（一三四九〜五二年）である。

内乱に至る経緯は少々複雑である。師直と対立した直義は、兄の尊氏に迫って師直の執事職の解任を求めた。これを知った師直はにわかに京都に兵を入れ、直義を出家に追い込んだのである。ところがまもなく各地で直義派の武士たちが立ち上がり、隙をみて直義が京都を離脱した。これをもって、擾乱のはじまりとする。さらにその後、直義は、なんと敵の南朝に帰属してしまったのである。ずいぶん思い切った行動だ。

また、尊氏の子（長男だが庶子）で、直義の養子となっていた足利直冬《ただふゆ》も、直義派として九州を制圧、中国地方にまで力を伸ばすようになった。このため尊氏は、我が子・直冬を征伐するため西へと向かった。

すると直義は、南朝から尊氏追討の綸旨を得て、尊氏不在の京都へ乱入、尊氏の嫡男・義詮《よしあきら》を追放し、さらに摂津《せっつ》国打出浜《うちでのはま》で尊氏軍を撃破したのである。

こうして尊氏を負かした直義は、講和の条件として高師直の身柄の引き渡しを要求した。尊氏が仕方なくこれに従うと、直義は師直を殺害したのである。

以後、幕政の実権は直義が握ったのだが、再び尊氏派の力が強くなると、直義は権力を維持できなくなり、京都を捨てて北陸へ逃亡した。

このとき尊氏はまことに意表をつく行動に出た。宿敵であった南朝と講和（服属）して直義追討の綸旨をもらったのである。やはり南朝が正統な朝廷であるという認識が、足利兄弟にはあったわけだ。

尊氏はその後戦いを有利に進め、ついに鎌倉で直義を捕縛した。直義は寺院に幽閉されたが、まもなく死去した。弟を生かしておけば抗争は絶えることがないと判断し、直義を毒殺したと『太平記』には載るが、自然死だとする学者もおり、その死の真相はよくわからない。ただ、これで政権が安定したわけではなかった。その後も十年あまり、尊氏派と直義派、そして南朝の三勢力が、三つ巴の抗争や同盟を繰り返すことになった。

以上みてきたように、尊氏が政権を握って、すぐに幕府の政治体制が安定したわけではないのだ。

南北朝の戦いが長引いた理由として、観応の擾乱にくわえて相続制度の変化が関係しているといわれる。

武士の分割相続は維持できなくなり、鎌倉後期になると惣領制は解体し、一人の息子（嫡子）がすべての財産を相続する（単独相続）ようになった。これにより庶子は、嫡子に従属を強いられた。このため惣領（本家の当主）の地位をめぐって一族兄弟で争うようになったのである。そうしたなか朝廷が二つに割れていることは、都合がよかったのだ。

たとえば長男が北朝（幕府）方につけば、次男は南朝に味方するというように、それぞれの正当性を主張できたからだ。なお、南北朝の動乱のなかで、分家の当主も本家から独立していき、それまでの血縁的な一族の結束は薄まり、むしろ武士は地縁的な結合を強めていくようになった。

## 初代将軍・足利尊氏の戦いに満ちた生涯

室町幕府の頂点に立つのは、やはり征夷大将軍（将軍）である。江戸幕府と同じく、室町幕府は十五人の将軍を出している。これから一気に十五名の将軍を紹介し、室町時代の概観をつかんでいただこうと思う。鎌倉幕府が源氏将軍、摂家（藤原）将軍、皇族将軍と血統の断絶を繰り返したのに対し、室町幕府の将軍はすべて足利尊氏の血筋を継いでいる。

室町幕府は、鎌倉幕府の継承を明確に意識して足利尊氏・直義兄弟によって創設された。どちらかというと、直義のほうが復古的な考え方が強く、尊氏が革新的だった。この政権に対する考え方の違いが、観応の擾乱につながったことは先述のとおりである。

一三三八年、尊氏は北朝の光明天皇から征夷大将軍に任じられ、室町幕府は正式に京都で発足したが、前項で見たように、初代尊氏の時代は吉野の南朝や弟直義との抗争もあり、とても全国政権とはいえない状況だった。

とくに一三五一年には、直義との戦いを有利に運ぶため、尊氏は南朝に帰順してしまう。このため北朝の崇光《すこう》天皇は後村上《ごむらかみ》天皇(後醍醐の皇子で南朝第二代天皇)によって廃され、北朝は消滅したのである。勢いづいた南朝は、翌一三五二年に楠木正儀《まさのり》や北畠顕能《あきよし》ら南朝軍を京都に攻め入らせた。都を守備していた足利義詮は持ちこたえられずに離脱、なんと北朝の光厳・光明・崇光の三上皇が吉野に拉致され、賀名生《あのう》に幽閉されてしまった。このとき南朝の後村上天皇は、尊氏の将軍職を解任したので、形式的に幕府も消滅したのである。

その後、尊氏は京都を奪還したが、再び、長男で直義派だった直冬に京都を奪われるなど、死ぬまで敵対勢力との戦いに明け暮れた人生だった。

## 南北朝の合体を果たした三代将軍・足利義満

一三五八年に初代将軍の尊氏が五十四歳で亡くなると、嫡男の義詮が二代将軍となった。義詮は父とともに長年戦乱をくぐり抜けた強者であり、九州は平定できなかったものの、たびたび苦戦を強いられながらも、ほぼ各地の南朝勢力を弱体化させることに成功した。ただ、残念ながら三十八歳という若さで義詮は亡くなってしまった。

嫡男の義満《よしみつ》はまだ十歳だった。二年後に将軍となった義満だが、実際の政務は管領《かんれい》（将軍の補佐役）の細川頼之《ほそかわよりゆき》がになった。やがて二十代後半から親政をおこなうようになり、一三九二年には南北朝の合体（合一）を実現させた。その前後、朝廷にも勢力を伸ばし、将軍義満の力は公武にまたがる強大なものとなる。将軍職を息子の義持《よしもち》に譲った後、朝廷の最高職である太政大臣《だいじょうだいじん》となる。武士がこの役職につくのは、平清盛《たいらのきよもり》以来、およそ二百年ぶりのことだった。翌年出家するが、一説に、義満は武士の世界だけでなく、朝廷や仏教界でもトップになろうという野望を持っていたのではないかと言われている。

さらに義満は、明《みん》と国交を開いて日明貿易を開始する。こうして手に入れた権力や富を用いて京都の北山《きたやま》に壮麗な別荘をつくった。もともとこの場所は公家の西園寺《さいおんじ》家の山荘だったが、それをもらい受けて舎利殿《しゃりでん》や仏殿、不動堂や書院などをつくり、居所としたのだ。

なかでも象徴的な建物は三層の舎利殿だろう。こけら葺きの宝形造《ほうぎょうづくり》の構造で、一階が貴族の寝殿造、二階が伝統的な日本の和様建築、三階が中国伝来の禅宗様建築という珍しいつくりになっている。屋根上には鳳凰《ほうおう》（伝説の鳥）を飾り、建物の前には大きな鏡湖池《きょうこち》がある。木の部分には金箔が貼られているので、俗にこの建物を金閣と呼んでいる。また、世阿弥《ぜあみ》を寵愛するなど能楽を保護している。これにより義満の時代に北山文化が花開いた。

こうした義満の政策については別項で詳しく述べる。

義満は五十一歳で風邪をこじらせて急死してしまう。すると息子で四代将軍義持は、日明貿易を始めとした義満の政策をほとんど中断し、義満の別荘も金閣を除いて取り壊してしまう。反動政治である。さらに、義満のような独裁政治を改め、管領や守護などを加えた合議政治を展開したので幕政は安定した。

## 応仁の乱勃発、分裂する将軍家

義持は義満同様、生前に息子の義量《よしかず》に将軍職を譲るが、義量は病弱なうえ大酒飲みだったため、体調を崩してそれから二年後、十九歳で急死してしまった。すでに義持は出家していたが、将軍不在のため仕方なく法体《ほったい》のまま政務に復帰した。だが三年後、義持も四十三歳の若さで死去。義量が一人息子だったため、臨終にさいし重臣たちは義持に次期将軍を誰にするか尋ねたが、義持は「遺言してもお前たちが私の意見を用いなければ意味がない」と拒んだ。このため義持の弟四人でくじを引き、青蓮院《しょうれんいん》の義円《ぎえん》が新将軍に選ばれた。義円は名を義教《よしのり》と改め、翌年、六代将軍になった。義教は父の義満を真似て独裁をおこない、家臣の赤松満祐《あかまつみつすけ》に謀殺された。

このため幼い長男・義勝《よしかつ》が七代将軍となるが十歳で死去してしまい、代わって義勝の弟の義政《よしまさ》が八代将軍となった。義政はやがて親政を志向するが、うまくいかないと政治に興味を失い、弟の義視《よしみ》を跡継ぎにした。ところが正妻の日野富子《ひのとみこ》が息子（義尚《よしひさ》）を将軍にしようと動き、守護大名の抗争とあいまって応仁《おうにん》の乱が勃発する。乱の最中、義尚が九代将軍を継ぎ、富子がこれを補佐したが、義尚が二十五歳で病死してしまうと、再び義政が政務をとった。だが義政もその翌年に亡くなり、義視の子である義材《よしき》（義稙《よしたね》）が日野富子によって十代将軍に擁立された。義視はかつての政敵だが、義材は富子の妹の子、つまり甥だったからだろう。だが義材は管領の細川政元《まさもと》と対立し、政元に幽閉されてしまう。その後、富子と政元は、義澄《よしずみ》（夫義政の異母兄である政知《まさとも》の子）を十一代将軍にすえた。

その後、義材は京都から離脱し、家臣たちを伴って越中《えっちゅう》、越前《えちぜん》、周防《すおう》などを転々としながらも将軍として行動しつづけた。こうして足利将軍家は二つに分裂してしまったのだ。

やがて大内《おおうち》氏の助力を得て義材は京都を奪還、将軍に返り咲いた。

いっぽう義澄は近江《おうみ》に逃れたものの、そのまま死去した。

ただ、義材のほうも細川高国《たかくに》に京都から追い払われ、阿波《あわ》国で死去した。一五二一年、高国は十一歳の足利義晴《よしはる》（十一代将軍義澄の子）を十二代将軍に擁立した。だが、すでに戦国時代に突入し、政治の実権は細川氏や三好《みよし》氏が握り、義晴はたびたび京都を追われた。

しかも細川晴元《はるもと》や三好元長《もとなが》らは足利義維《よしつな》（十一代将軍義澄の次男）を将軍にしようと動き、朝廷は義維を従五位下左馬頭《じゅごいのげさまのかみ》に叙した。これは将軍がもらう官位であることから、実質的に義維も将軍に就任したとみなされ、その居所にちなんで阿波公方、堺《さかい》公方などと呼ばれた。こうして二人の将軍が並立し、以後、義晴派と義維派が抗争を繰り返すようになった。

さて、十二代将軍・足利義晴だが、戦国大名・三好長慶《ながよし》に京都を追われ、近江国で一五五〇年に四十歳で病死した。すでに四年前、義晴は嫡男の義輝《よしてる》（十一歳）に将軍の地位を譲っていた。義輝は長慶と激しく対立を繰り返していたが、やがて和解し京都に入った。

義輝は尾張《おわり》の織田信長《おだのぶなが》や美濃《みの》の斎藤義龍《さいとうよしたつ》、越後《えちご》の上杉謙信《うえすぎけんしん》をはじめ、各地の戦国大名と連携を密にして幕府の安定をはかり、三好長慶ら三好一族をおさえて親政を志向する。

これを嫌った三好三人衆や松永久通《まつながひさみち》により、義輝は一五六五年に屋敷を大軍で襲撃されて命を落とした。三好三人衆らは阿波公方・義維の子・義栄《よしひで》を十四代将軍に擁立したが、いっぽう義輝の弟・義昭《よしあき》が織田信長を頼り、一五六八年に上洛、十五代将軍に就任した。この年、義栄は摂津で死去してしまった。

義昭は将軍の親政を目指すが、織田信長と対立するようになり、一五七三年、信長に京から追放された。これをもって室町幕府は滅亡したとされる。

以上、十五代将軍について簡単に紹介してきたが、歴代将軍の紹介によっておおよその室町幕府の流れは理解していただけたと思う。

# 第二章 「室町幕府のしくみと外交」

## 幕府の新しい役職、官僚と奉公衆とは

三代将軍・足利義満は、京都の室町に花の御所と呼ばれる壮麗な邸宅をかまえ、この屋敷で政治をとるようになった。これにより、足利氏の武家政権は室町幕府と呼ばれるようになったのである。また、義満も室町殿と称され、その義満が将軍を引退してからも権力を握り続けたので、幕府の実権を握る足利氏のトップを室町殿と呼ぶようになった。

この義満の時代になると、幕府の政治組織もしっかり整ってくる。基本的には鎌倉幕府のそれを踏襲しているが、違いも少なくない。

政治の頂点に立つのは、もちろん将軍（征夷大将軍）である。初代足利尊氏から幕府滅亡まで十五人の将軍が輩出している。すでに歴代将軍については紹介済みだ。

鎌倉幕府では将軍を奉じて執権《しっけん》（北条一族）が政治を牛耳っていたが、室町幕府には執権は存在しない。尊氏時代、高師直が執事として尊氏を補佐していたが、その流れを受け

たのが管領であり、この役職が将軍を補佐して政務をになった。管領はまた、将軍と守護大名との繋ぎ役でもあった。なお、管領に就ける家柄は足利氏の血筋を継ぐ者に限られていく。初代管領は斯波義将《しばよしまさ》だとされるが、管領の職がしっかり確立するのは三代将軍義満の時代で、義満の後見役であった細川頼之が管領をつとめた頃からだとされる。執権を北条氏が独占したように、管領には足利一門の斯波・細川・畠山《はたけやま》の三氏のみが就くことができ、この三氏をまとめて三管領と呼ぶ。

管領と同様、奉公衆《ほうこうしゅう》も鎌倉幕府にはなかった役職である。

奉公衆とは、将軍の親衛隊、直属軍のことで、やはり将軍義満のころに確立したとされる。足利譜代の家臣にくわえ、守護一族の分家（庶流）や地方の国人（有力武士）などが奉公衆となった。

奉公衆は一番から五番に分かれ、それぞれ番頭をリーダーに各番は五十人から百人程度で編成された。彼らは交代で将軍の警護をになうとともに、御料所（室町幕府の直轄領）の管理や守護の監視もおこなった。

## 鎌倉幕府とは異なる職務をになった侍所や政所など

侍所《さむらいどころ》は鎌倉幕府にも置かれた役所で、軍事・警察をになった組織で、御家人を統制した。だが室町幕府の侍所は、その職務内容が大きく異なり、京都の警備や刑事裁判をつかさどる役所であった。また、侍所の長官も別当《べっとう》ではなく所司《しょし》と呼んだ。侍所の所司は、山城国の守護を兼任するのが一般的だった。

鎌倉幕府の侍所は北条氏がトップに就任したが、室町幕府の侍所の所司は、有力守護である山名《やまな》・一色《いっしき》・赤松・京極《きょうごく》の四氏が就いた。これを四職《ししき》と呼ぶ。

続いて政所《まんどころ》、これも鎌倉幕府のように「一般政務や財政を担当」する職ではなく「将軍家の家務・財政、京都の行政」をになう職に変わっている。長官も別当ではなく執事と称した。義満の時代に伊勢貞継《いせさだつぐ》が政所の執事に任じられると、以後、伊勢氏がその地位を継承した。余談だが、北条早雲《そううん》はこの伊勢氏の一族である。生前、早雲は伊勢氏を名乗り北条姓を称したことはない。北条と名乗るようになったのは、その子・氏綱からである。また、執事の代官として政所代が設置され、こちらは蜷川《にながわ》氏が世襲した。

問注所も「訴訟と裁判事務を担当する」のではなく、「記録・訴訟文書を保管する」のが主な仕事となった。ただ、長官を執事と呼ぶのは、鎌倉幕府と同じだ。

評定衆《ひょうじょうしゅう》のもとに引付を置いたのは鎌倉幕府と同じだが、やがて将軍や管領が裁判の場に臨場して判断を下す「御前沙汰」がおこなわれるようになり、引付はその下部組織のようになった。

ちなみに、侍所、政所、問注所、あるいは引付といった機関で実務をになう官僚たちを奉行人と呼んだ。こうした官僚集団が幕府の政務を支えていたのである。

### 一国を支配するようになった守護

鎌倉幕府同様に室町幕府も守護と地頭を置いた。守護は鎌倉時代、一国に一人置かれ(例外あり)、関東の有力な御家人が任命された。その職務は大犯《だいぼん》三カ条だったが、鎌倉後期になると、新たに刈田狼藉《かりたろうぜき》の取り締まりと使節遵行《しせつじゅんぎょう》の権限が追加される。繰り返しになるが、刈田狼藉は、自分こそがこの土地の正当な持ち主だとしてそこにある他人の作物を勝手に刈り取ってしまう不法な行為のこと。鎌倉幕府は、その国の守護に刈田狼藉を取り締まる権限と裁判権をゆだねたのだ。

使節遵行とは、幕府の裁定を強制執行できる権限。それまで鎌倉幕府は、土地に関する争いが裁判で決着すると、わざわざ使節を現地へ派遣し、勝訴した人にその土地を渡す手続きをしていた。その権限を各国の守護に与えることにしたのである。さらに闕所《けっしょ》処分権といって、没収した敵の所領を処分する権限も守護に与えた。

一三五二年、足利尊氏は近江・美濃・尾張の三国に半済令《はんぜいれい》を出した。

この法令（一部）を現代語訳してみる。

「一、寺社や公家の荘園に関する一三五二年七月二十四日の命令。近江・美濃・尾張の三カ国の荘園領の半分は、兵糧米《ひょうろうまい》を集める所領とする。当年の年貢に限って、半分は守護の軍勢に預け置くよう守護大名たちに伝えた。残る半分は、すべて荘園領主に渡しなさい。もし荘園支配を任された武士が言い訳をして渡さないときは、その荘園の支配権はすべて領主に返還させる」

少々わかりにくいが、この法令は荘園や公領（国衙《こくが》領）の年貢の半分を、守護が兵糧米として集め、それを国内の武士に分与してよいとする法律。はじめはこのように三国に一年限りで発布されたが、やがてそれが全国に毎年適用されるようになった。ともあれ、室町幕府は、守護の各国における荘園や公領に対する権限を強化したのだ。

時は南北朝の動乱期。だから守護のもとに国内の武士たちを結集させる必要があった。

当初、守護に期待されていたのは、南朝と戦う軍事指揮官としての役割だった。それもあって、優先的に足利一族をこの職に任じるようになっていった。

だがやがて守護は新たに獲得した権限を利用して、荘園や公領を侵略するようになる。特に半済令で集めた兵糧米を国内の武士たちに分配することで、彼らを支配下に置いた。言い方をかえると、各国の武士たちは、守護の家臣のような立場になっていったのである。

十五世紀になると、守護職は息子へと受け継がれる世襲が多くなる。なかには個人や一族で数国の守護職を兼ねるケースも出てくる。ちなみに畿内とその近国の守護は、京都に在駐していることが義務づけられた。そのため国元の支配は守護代に委ねた。

国内に独自に段銭《たんせん》（守護段銭。田地一段ごとに課す税）を課す守護も現れ、次第に国衙（地方の政庁）の機能を吸収していった。こうして守護は一国の支配権を確立。このような守護による支配体制を守護領国制といい、権限を増大させた守護のことを守護大名と呼ぶ。

荘園領主のなかには「どうせ年貢の半分は半済令で守護にもっていかれてしまうのだから、いっそのこと年貢の徴収をすべて守護に請け負ってもらおう」と考え、守護との間に契約を結ぶ領主も現れてくる。こうした契約を守護請《しゅごうけ》と呼ぶ。このように荘園領主の中には、荘園の経営から手を引いてしまうケースが出てくるのである。

## 地方に設置された重要組織

鎌倉幕府には六波羅探題《ろくはらたんだい》や鎮西《ちんぜい》探題といった地方に設置された重要な組織があった。同じように室町幕府も地方組織を置いた。最も重要なのは、鎌倉幕府の拠点だった鎌倉に設置された鎌倉府であった。鎌倉府は、関東八カ国にくわえ伊豆《いず》・甲斐《かい》を含めた、なんと十カ国を統治する機関だった。

鎌倉府の長官を鎌倉公方《くぼう》といい、公方には足利尊氏の子・基氏《もとうじ》が就任し、以後は基氏の子孫が世襲した。鎌倉公方を補佐する職が関東管領。これも上杉氏が世襲する。その下部組織として、侍所、政所、問注所が置かれるなど、まったく室町幕府と同じ組織形態をとっていた。やがて鎌倉府は、出羽・陸奥など東北地方も統括し、東国全体に影響力を行使できるようになった。さらに西の室町幕府と対立していくようになり、ほとんど独立した東国政権のようになったのだ。これについては後述する。

東北にははじめ奥州《おうしゅう》管領が設置されたが、のちに奥州探題と羽州《うしゅう》探題に分かれる。ただ、両探題ともたいした実力は無く、名ばかりの組織だったので、先述のとおり鎌倉府がこれに取って代わった。そんなこともあり、東北地方では有力武士が勢力を伸ばしていった。

九州を統括する組織としては九州探題が置かれた。南北朝時代には南朝方の懐良《かねよし》親王が力を強め、征西府《せいせいふ》をつくって一時九州全土を制圧し、明の冊封《さくほう》を受けて日本国王を名乗るようになったため、幕府は将軍義満の時代、武将として名高い今川了俊《いまがわりょうしゅん》（貞世《さだよ》）を九州探題として派遣、征西府を制圧させた。

了俊はその後も数年間にわたって戦いを続け、ついに九州全土を平定する。ところが上京を命じられ、探題職を解任されてしまう。一説には、将軍義満が九州における今川勢力の強大化を危惧したのだとされる。その後、九州探題は衰退していき、九州でも有力守護が割拠する状態になった。

**御料所以外からも税をかき集めた**

さて、室町幕府の財源について解説しよう。

その財源は、御料所《ごりょうしょ》（直轄地）からの年貢・公事《くじ》・夫役《ぶやく》が中心だった。もともと御料所は、足利氏の支配地と北条氏から没収した土地から成り、とても幕府全体の支出をまかなえるだけの収入はなかった。このため幕府は、さまざまなところから税を徴収する必要があった。

まずは、守護から分担金（守護出銭といい、一国単位で賦課）、地頭から賦課金（地頭御家人役という所領の面積に課す税）を徴収した。津（港）の入港税（津料《つりょう》）や関所を通るさいに通行税として関銭《せきせん》をとった。土倉《どそう》や酒屋といった高利貸にも、保護を与えるかわりに莫大な土倉役（倉役《くらやく》）や酒屋役などを取り立てた。

後に述べるが、室町時代には京都五山と呼ぶ官寺（幕府が保護を与えている）の制度が成立するが、そんな五山からも五山（公文）官銭（住持に補任《ぶにん》するという幕府の文書への謝礼金）や五山献上銭（五山からの献金）を差し出させている。

天皇の即位や将軍の就任、寺社の造営など国家的な行事で急に資金が必要になったときは、全国の荘園や公領の人々から臨時に段銭、棟別銭《むねべつせん》（家屋一軒ごとに課す税）を集めた。なお、庶民に課された税として分一銭《ぶいちせん》というものもあるが、これも後で説明する。

日明貿易も幕府の良い財源だった。明の皇帝から与えられる明朝頒賜《はんし》銅銭と明朝頒賜物にくわえ、幕府は交易商人から抽分銭《ちゅうぶんせん》を徴収した。

## 九州全土を手中に収めた南朝勢力・懐良親王

後醍醐天皇崩御の後、南朝の勢力は一時衰えたが、観応の擾乱が勃発したことで息を吹き返したことはすでに述べた。

だが、後村上天皇が一三六八年に没すると、畿内をはじめ各地の南朝勢力はほとんど衰退してしまう。しかしながら九州では、懐良親王を中心とする南朝勢力が大きな力を持っていた。

じつは後醍醐天皇は一三三六年、京都に襲来した足利尊氏にくだる直前、多くの皇子を己の分身として各地へ派遣し再起を期したのだ。その多くは非業のうちに倒れたが、八歳の懐良親王は征西将軍宮としてわずか十二名の家臣に連れられ九州へ向かった。懐良は日向《ひゅうが》国へ入り、さらに薩摩《さつま》国の谷山《たにやま》城を経て、ようやく菊池《きくち》氏の庇護を受けることに成功した。出発以来、なんと十数年の月日が流れていた。観応の擾乱の最中だったため、懐良のもとに参集する武士も急増。勢いを得た懐良は臣下の菊池武光《たけみつ》に命じ、九州探題（幕府の九州統治機関）の一色範氏《のりうじ》を針摺原《はりすりばる》に攻めて追放し、さらに幕府方の大友氏時《うじとき》や畠山直顕《ただあき》を破り、北九州を制圧した。さらに一三五九年、幕府方の少弐頼尚《しょうによりひさ》と筑後川《ちくごがわ》をはさんで激突、この戦いに勝って九州全土を支配下に置いた。

しかも懐良の南朝政権は、明国と独自に国交を開いたのである。明の太祖《たいそ》（洪武帝《こうぶてい》）は、九州を拠点に中国沿岸を荒らし回る倭寇《わこう》（日本人海賊）に手こずり、懐良親王に倭寇を取り締まってくれるよう国書を送った。当初は要求を拒んでいた懐良だったが、やがて明に臣従するかたちで国交を樹立し、「日本国王良懐《りょうかい》」と称した。懐良は明の保護のもと九州を日本から切り離し、独立国として存続させようとはかったのかもしれない。

この動きに焦りを抱いた室町幕府は、一三七〇年に足利一門で名将と謳われた今川了俊を九州探題に任じ、九州へ遣わした。

了俊は、九州の国人（有力武士）たちを巧みに味方につけ、翌年、南朝の拠点である大《だ》宰府《ざいふ》を陥落させた。そこで懐良親王は、筑後《ちくご》国高良山《こうらさん》に本拠地を移すが、ここも了俊の攻撃で落城、南朝方は今川氏に圧迫され、勢力を失ってしまった。

## 南北朝合一後、幕府の政務をとり続けた室町殿・足利義満

これにより南朝は急速に衰退した。南朝の天皇は後村上から嫡男の長慶《ちょうけい》、さらに長慶の弟の後亀山《ごかめやま》へと受け継がれたが、こうした形勢だったため、ついに後亀山の時代、三代将軍義満の斡旋によって南朝は北朝との合一に同意する。

後亀山天皇が北朝の後小松《ごこまつ》天皇に譲位するかたちで三種の神器を譲り、以後皇位は南朝と北朝の皇統の両統迭立《りょうとうてつりつ》とすることが、その主たる条件だった。こうして一三九二年閏十

月、後亀山天皇は南朝の廷臣とともに京都へ入った。とはいっても、その行列は五十人にも満たなかったといわれる。いかに南朝が衰退していたかがよくわかる。

さて、その後である。幕府と北朝は、南朝との約束を守らなかった。後亀山の皇子実仁《さねひと》親王はいつまで経っても皇太子になれなかったのだ。怒った後亀山上皇は一四一〇年、突如、吉野へ脱出してしまう。こうして再び朝廷は分裂したのである。

これに対し幕府は、後亀山との約束を破り後小松の皇子躬仁《みひと》（のちの称光《しょうこう》天皇）を即位させた。すると後亀山が幕府への叛意を明らかにしたので、幕府に不満を持つ武士や南朝遺臣の挙兵が相次いだ。

あわてた四代将軍義持は、後亀山に両統迭立を再度約束、ために騒動は終息して後亀山も京都へ戻った。だが、後亀山がそれから四年後に没してしまい、称光天皇の後にはまたも北朝の後花園《ごはなぞの》天皇が位についたため、南朝の皇統小倉宮《おぐらのみや》は京都を出奔、応仁の乱の頃まで南朝はゲリラ戦法などを展開して抵抗し続けるのだが、その後、自然消滅してしまった。

さて、南北朝を合一した義満だが、これより前、京都室町に花の御所と呼ばれる壮麗な邸宅をかまえ、そこで政治をとるようになった。一三八一年には後円融《ごえんゆう》天皇を花の御所に迎え、同年、朝廷の内大臣に就任している。これは祖父の尊氏や父の義詮を凌ぐ地位であった。義満は京都に生まれ育ったはじめての将軍であり、少年時代、前関白二条良基《にじょうよしもと》に貴族的素養を注入されたため、朝廷文化に憧憬を持っており、強く高位高官を望んだといわれる。実際、内大臣になった頃から花押《かおう》を公家風に変え、諸儀式も摂関家《せっかん》を模したものに改変している。続く一三八三年には准三后《じゅさんごう》宣下をうけた。皇后・皇太后・太皇太后に次ぐ地位という意味だ。

そして前述のとおり、一三九二年には南北朝を合一、その前後に強大な守護大名を討伐して勢力を削減、将軍に権限を集中させたうえで一三九四年に将軍職を嫡男の義持に譲り、この年、太政大臣に就任した。将軍経験者として太政大臣にのぼったのは、義満が初めてであった。義満は室町の花の御所に住したことから室町殿と呼ばれた。

翌年、義満は太政大臣を辞して出家したが、それからも義満は将軍義持を奉じて政権を握り続けた。あたかも院政の幕府版であり、朝廷における法皇（太上法皇）の立場に酷似していた。おそらく義満もそれを意識していたものと思われる。それは、一三九七年に義満が京都北山に造営した壮大な邸宅が、上皇の御所である仙洞《せんとう》を模したことでもわかる。

また、出家以後、室町殿から北山殿と呼ばれるようになったが、室町殿という呼び名は、義満以降は足利将軍家の家長を意味するものになった。そして、将軍の地位にあろうがなかろうが、室町殿が幕府の政務をとることが慣例となっていった。

また義満は、明との外交において日本国王を名乗り、正室の日野康子《やすこ》を後小松天皇の准母（天皇の生母に准じる地位）とし、一四〇八年に後小松天皇を北山第に招いたさいには、自らが天皇専用の衣をまとい、息子義嗣を関白の上座にすえた。次いで義嗣の元服を親王（天皇の子）の儀式に倣って宮中で執行、同時に後小松天皇の猶子《ゆうし》とした。

じつは将軍義満には、天皇家の血が流れていた。義満の実母・紀良子《きのよしこ》は、順徳《じゅんとく》天皇の子孫なのだ。それゆえ義満は、やがて我が子・義嗣を天皇にすえ、天皇と将軍という二人の息子の上に立って、公武統一政権をつくって君臨しようとしていたという説がある。が、義嗣が元服してからわずか十日ほど後、義満は病にかかって急死してしまった。

## 義満によって支えられていた朝廷

ただ、近年は義満が次男を天皇にすえ、公武の頂点に立とうとしたという説は否定されている。

義満が朝廷に介入したというより、朝廷が義満を頼ったというのが真相らしい。朝廷は当時、かなり弱体化して諸儀式も滞る状況になっていた。そこで公家側から積極的に義満の権力を借りて朝廷を再建しようとしたのだと考えられている。つまり、幕府の支援を得るために義満を公家社会のトップとして迎え入れたというわけだ。

義満は朝廷の高官になると、公家たちを家来に編成していくが、すでに平安時代から公家社会では、上級公家が中・下級公家を家来にする習慣があり、義満はそれに沿って行動しただけなのである。

ただ、義満が人事など朝廷に介入してきたことで、院政をおこなう後円融上皇との仲が険悪になっていった。けれど、朝廷の財政が義満によって支えられている面もあったので、面と向かって対立はできなかった。それをよいことに、義満はなんと上皇の側室を自分の愛人にしてしまったのだ。

このため悩んだ後円融上皇は、自殺未遂を起こす。これにより、後円融の権威は地に墜ちてしまい、公家たちはますます義満に依存するようになった。

義満は南北朝合一のとき左大臣だったが、これもあえて北朝の左大臣（リーダー）として南朝方に和睦の条件を出すという建前をとったことで、スムーズに交渉が進んだのである。また、朝廷を握ることで、その統制下にある寺社勢力も自動的に従えることになった。

いずれせよ、三代将軍義満は、日本国内の騒然とした状態（南北朝時代）を最終的に落ち着かせ、安定した世の中を現出させたのである。

### 明の成立と日明国交

元寇《げんこう》によって日中の国交は絶えた訳ではない。元寇後、鎌倉幕府公認の貿易船が元に遣わされている。代表的なのが一三二五年の建長寺船だ。これは建長寺を再建(修造)する費用を得るため、正式に元に派遣した交易船である。

この時期になると、博多などには元の商人がやって来て民間の交易も盛んになった。

一九七六年に韓国の新安《しんあん》沖で、約三百トンの沈没船が発見された。この新安沈没船は一三二三年の年号の木札や東福寺《とうふくじ》と書かれた木簡が出てきたことから、元から日本へ向かう途中で沈没した船だと考えられている。船内には中国各地の膨大な陶磁器、南方の胡椒や香木などとともに、中国の銅銭が二十七トンも積まれていた。

ちなみに建長寺船にならって、足利尊氏も一三四二年に天竜寺《てんりゅうじ》の建立(造営)費を得るため、元へ船を派遣している。これは、尊氏の師であった夢窓疎石《むそうそせき》の勧めだった。

天竜寺は後醍醐天皇の冥福を祈るために建立されたもので、激しく敵対した後醍醐天皇のためというのは不思議な気がするが、祟りを避けるためだったという説もある。

後醍醐は亡くなるとき「骨はたとえ南山の苔に埋まるとも、魂魄《こんぱく》は常に北闕《ほっけつ》（京都の皇居）の天を望むつもりだ」という恐ろしい遺言を残したこともあり、尊氏は天皇が怨霊となるのを恐れていたといわれる。こうして造られた寺院が天竜寺なので、この貿易船を天竜寺船と呼ぶ。

一三六八年、元は朱元璋《しゅげんしょう》（太祖、洪武帝《こうぶてい》）によって北方へ追い払われ、新たに漢民族の国家・明が成立した。朱元璋は、人々の自由な海外往来や民間交易を禁止した。これを海禁政策というが、これでは博多での民間交易が中断してしまう。

朱元璋は、日本を含む周辺諸国と君臣関係を結んで自国に朝貢させようとしたのである。つまり、中国の伝統的な国際秩序である冊封体制を復活させようとしたのだ。だから室町幕府に対しても、倭寇の取り締まりと明への朝貢をうながしてきた。

倭寇とは、対馬《つしま》・壱岐《いき》・肥前松浦《ひぜんまつうら》地方を拠点とする日本人中心の海賊集団のこと。彼らは南北朝の動乱期に盛んに活躍するようになり、朝鮮半島や中国大陸の沿岸の村々を襲って米や大豆などの食糧を奪ったり、人々を拉致したりした。

この時期の倭寇を前期倭寇と呼ぶ。というのは、室町時代後期に応仁の乱で幕府の力が弱まり、寧波《ニンポー》の乱（一五二三年）によって日明貿易が混乱すると、再び倭寇が密貿易などに暗躍するようになるからだ。ただ、このときの倭寇は日本人より中国人が主体になっていたので、南北朝時代の前期倭寇と区別して後期倭寇と呼んでいる。

さて、明の朱元璋が日本に接触してきたときの室町将軍は足利義満だったが、彼は明の呼びかけに応じ、一四〇一年に使者を派遣して国交を開いた。

『善隣国宝記《ぜんりんこくほうき》』に載る義満が明の皇帝に差し出した国書を現代語訳して紹介しよう。

「日本の准三后の私（足利義満）が国書を明の皇帝陛下に差し上げます。日本国が始まって以来、貢物を持ってあなたの国へご挨拶にいかなかったことはございません。私（義満）が国の政治をとっているので、国内は安定しています。そこで昔ながらのやり方に従い、正使の祖阿《そあ》に博多の商人・肥富《こいつみ》を同行させ、国交を結び貢物を献上しようと思います。応永《おうえい》八年（一四〇一）五月十三日」

このように明への正使は祖阿、副使は博多商人の肥富が任じられた。日本の使節は明の皇帝から暦を与えられ、義満は日本国王と認められた。冊封体制に入った国は、明の元号と暦の使用を義務づけられるのである。

## 朝貢形式でおこなわれた日明貿易

義満が明の冊封下に入ったのは、貿易の利益が目的だった。

一四〇四年からいよいよ日明貿易がスタートした。遣明船は合計で十九回派遣されたが、日本が貢物（輸出品）を持たせた使いを明へ送り、その返礼として品物（輸入品）を受け取るかたちをとった。

将軍義満は明に臣下の礼をとり、同年、日本の国書に明に従属した証拠として明の元号を用い、さらに「日本国王臣源」と明の皇帝の家臣であることを示す署名を入れた。

遣明船は倭寇の船と区別するため、明から与えられた勘合《かんごう》（証票）を持参したので、日明貿易は勘合貿易ともいった。遣明船は寧波の港に入って勘合などのチェックを受けた後、使者たちは明の首都・北京まで行き、そこで交易がなされた。

貿易では、関税や運搬費、滞在費はすべて明が負担してくれたうえ、輸出品も高く買ってくれた。宗主国としての明のプライドであり、日明貿易は日本にとって、おいしい商売だった。主な輸出品は刀剣・槍・鎧などの武器、扇・屏風などの工芸品、銅・硫黄などの鉱産物だった。いっぽう輸入品は銅銭、生糸、高級織物、陶磁器、書籍、書画などだ。

しかし、四代将軍・義持は、「明に臣従する朝貢形式での交易は屈辱的だ」として中断してしまう。義持は、父の義満が異母弟の義嗣《よしつぐ》ばかりをかわいがったこともあり、義満が亡くなった後、ことごとく父親の政策を否定しており、貿易の中断もその一つだったと思われる。

けれど、経済的な利益が大きいこともあり、六代将軍義教は貿易を再開した。ただ、義教は播磨《はりま》の守護・赤松満祐に殺害されてしまい、貿易の実権は有力な守護大名である細川氏と大内氏が握ることになった。

この頃になると、貿易船に同乗する民間商人の数が増えるが、堺の商人は細川氏と、博多の商人は大内氏と結んだ。

応仁の乱以後は、遣明船は十年に一度。船は三隻。人数は三百人と限定された。ただ一五二三年、細川方と大内方は明の寧波で武力衝突（寧波の乱）し、これに勝った大内氏が、以後は日明貿易を独占するようになった。けれども一五五一年に大内義隆《よしたか》が重臣の陶晴賢《すえはるかた》に殺害され、大内氏が実質的に滅亡すると日明貿易も途絶えてしまった。

## 倭寇の襲撃によって一時は関係悪化した日朝交易

将軍義満が南北朝を合一した一三九二年、李成桂《りせいけい》が高麗《こうらい》王を退位させ、新たに朝鮮を建国した。李成桂は倭寇の退治で名を上げた人物でもあった。だから明の朱元璋同様、室町幕府に倭寇の取り締まりを求めてきた。義満はこの要求に応じ、九州探題の今川了俊、さらには守護大名の大内氏に倭寇の取り締まりを命じた。了俊は倭寇の捕虜にされた朝鮮人を保護し、彼らを朝鮮へ送還させている。

こうして幕府は、朝鮮とも国交を開き、日朝貿易もスタートした。ただ、日明貿易とは違って、室町幕府だけでなく、守護や国人、商人も通交証である通信符があれば商活動参加できた。このため交易はみるみる盛んになっていった。

ところが一四一九年、朝鮮軍は大挙して対馬に攻め寄せたのである（応永の外寇）。

これより前、対馬を支配する宗貞茂《そうさだしげ》は幕府の指示に従い、倭寇をよく取り締まってきた。けれどそんな彼が死ぬと、次の当主・宗貞盛《さだもり》が幼少だったこともあり、倭寇の首領である早田左衛門大郎《そうださえもんたろう》がたびたび朝鮮の沿岸部を襲撃するようになったのだ。そこで怒った朝鮮の太宗《たいそう》が、二百二十七隻という大船団に一万七千人を分乗させ、対馬に派遣したのである。

朝鮮軍は島内の各所を襲撃、住人の屋敷を焼き払い、抵抗する者を斬っていった。

いっぽう宗氏も朝鮮軍に大打撃を与え、朝鮮側に対し「このまま船団が滞在すれば台風の被害を受けるぞ」と警告したうえで、停戦を求めた。そこで朝鮮軍もこれに同意、十日後に全面撤退した。

事件はまもなく京都の室町幕府にも伝わるが、話に尾ひれがついたのか、「明軍と朝鮮軍が大挙して攻めてきた」という風説が流れ、一時幕府を大いにあわてさせた。ちなみに太宗は四年後に死没し、次の皇帝・世宗《せいそう》は融和的な人物だったので、日朝関係は改善した。

## 木綿などの輸入品が人気となるも、反乱により国交断絶

一四四三年、朝鮮と対馬の宗氏との間で癸亥《きがい》約条が結ばれ、日朝貿易も宗氏を窓口として再開された。あまりに貿易船が増えすぎて朝鮮政府の対応が難しくなったので、対馬の宗氏が発行する文引《ぶんいん》と称する渡航証明書を持っていなくては交易を認めないことにしたのである。

交易港も富山浦《ふざんぽ》（釜山《ふざん》）、乃而浦《ないじほ》（薺浦《せいほ》）、塩浦《えんぽ》（蔚山《うるさん》）の三浦《さんぽ》に限定された。朝鮮側は、この三浦と漢城《かんじょう》（漢陽《かんよう》）に日本使節の接待と貿易のための倭館《わかん》を設置した。

日朝貿易の主な輸出品は硫黄、銅、刀剣、扇、蘇木《そぼく》、香木など。輸入品としては木綿、大蔵経《だいぞうきょう》、朝鮮人参などがある。輸入品として人気なのが木綿だった。これまで日本には存在しない生地で、とっても着心地がよかったからだ。ようやく日本で木綿が国産化されるのは戦国時代のことで、それまでは朝鮮からの輸入に全面的に依存していたのである。

しかし、この日朝貿易は、三浦の乱（一五一〇）をきっかけに衰微してしまう。朝鮮の三浦には、日朝貿易に携わる多数の日本人が居住するようになった。はじめこうした日本人には、さまざまな特権が与えられていたが、密貿易に関与するようになったこともあり、朝鮮政府は次第にその権限を縮小していった。

これを不満に思った在朝日本人が対馬の宗氏の助力を得て、三浦で反乱を起こしたのだ。乱はすぐに鎮圧されて終わったが、これによって朝鮮と対馬の国交は断絶、関係が復活するのはそれから十二年も後のことになる。しかしながら、復活した日朝貿易は急速に衰えてしまった。

## 各国との交易で富を得ていた琉球王国

室町時代、沖縄諸島や先島諸島などは別の国家であった。もともと沖縄一帯には弥生文化は入ってこず、狩猟採取の貝塚文化が花開いた。沖縄本島で農耕が本格的に開始されたのは十世紀頃だったといわれ、十二世紀頃より各地に出現した按司《あんじ》と呼ばれる有力者たちがグスク（城）を築いて抗争をはじめ、十四世紀には沖縄本島は北山《ほくざん》（山北《さんほく》）、中山《ちゅうざん》、南山《なんざん》（山南《さんなん》）の三勢力に分割統治（三山時代）されるようになった。

中山王は明が誕生すると朝貢関係を結び、同時に朝鮮とも国交を開いて繁栄していった。しかしその後、中山出身の尚巴志《しょうはし》が中山王の武寧《ぶねい》を滅ぼし、次いで北山王の攀安知《はんあんち》の拠点・今帰仁《なきじん》城を攻略、さらに一四二九年、南山王の他魯毎《たろまい》を滅ぼして三山を統一、琉球王国を樹立したのである。この第一尚氏王朝は七代約六十年続くが、尚徳王《とくおう》は暴政をおこなったので、金丸《かなまる》という農民によって滅ぼされた。

金丸は一四七〇年、尚円《えん》と称して第二尚氏王朝を開き、その子・尚真《しん》の時代、琉球王国は全盛期を迎える。

前述のとおりこの頃、明は海禁政策をとっていた。沖縄本島は日本、明、朝鮮、東南アジアの間に浮かぶ交通の要衝にあるから、明の商人にかわって琉球の役人や商人が各国へ船で乗り出し、盛んに交易をおこなって莫大な富を得たのだ。

ジャワ・スマトラなど交易範囲は東南アジア全域に広がっていき、日本本土にも琉球船は来航した。しかも九州地域に限らず、兵庫や武蔵《むさし》国六浦《むつら》にまでやってきたという。これを中継貿易と呼ぶが、同時に沖縄本島の那覇港にも、日本や明、朝鮮からの貿易船が続々と入港した。こうした当時の航海のことをうたった歌は、「おもろそうし」(この時期に作られた、琉球の古い歌謡を集めたもの)にも含まれている。

一四五六年には、琉球王の尚泰久《たいきゅう》が琉球の繁栄を刻んだ「万国津梁《ばんこくしんりょう》の鐘」を鋳造し、首《しゅ》里城《りじょう》正殿に掲げさせた。「津梁」とは世界の架け橋という意味だが、まさに十五世紀の琉球王国を象徴する言葉であろう。

# 第三章　「将軍独裁と応仁の乱」

## 鎌倉府の滅亡

四代将軍・足利義持は、守護大名による合議政治を展開したので幕政は安定した。しかし、その子で五代将軍の義量が十九歳の若さで亡くなってしまう。このため引退した義持が室町殿として再び幕政をとったものの、数年後、彼も四十代前半で死去。しかも臨終のさい、後継者を選定しなかった。

仕方なく幕府の重臣たちは、義持の弟の中からくじ引きで六代将軍を選んだ。それが前述のとおり、義円だった。義教と改名し六代将軍になった義円は、はじめは政治を重臣たちに任せていたが、やがて独裁を志向し、有力な守護大名や公家を次々に弾圧していった。

さらに義教は、東国の支配を任されていた鎌倉府とも対立するようになった。

鎌倉府は先述のとおり、鎌倉公方を長官に、その補佐役として関東管領を置く組織である。公方には足利尊氏の子・基氏の血統が、関東管領には代々上杉氏が就いた。

公方は氏満《うじみつ》、満兼《みつかね》、持氏《もちうじ》と続いたが、次第に幕府からの独立色を強めてあたかも東国の幕府のような役割と力を持ち始め、守護の任免なども鎌倉府がになうようになった。そんな鎌倉府の内部でも、鎌倉公方と関東管領上杉氏の確執がたびたび起こり、一四一六年には、前関東管領だった上杉禅秀《ぜんしゅう》（氏憲《うじのり》）が、鎌倉公方の足利持氏と関東管領上杉憲基《のりもと》に対して鎌倉で挙兵している。このときの将軍は四代義持で、諸将に禅秀の討伐を呼びかけ、結果、禅秀はこれに応じた武士たちに敗れて自害している（上杉禅秀の乱）。

さて、義持の死後、時の鎌倉公方・足利持氏は、急に反幕府的な行動をとるようになる。元号が「永享《えいきょう》」と改元されてもこれを用いようとしなかったり、我が子の元服のさい、将軍の一字をもらう慣例を破って、嫡男に「義久《よしひさ》」と名付けたりするなど、勝手な行動を取り始めたのだ。

これには、理由があった。じつは持氏は、将軍義持が死んだとき室町幕府に使者を派遣し、自分を将軍にしてくれるよう要求したのだ。ところが、幕府の重臣たちはその使者と対面すらしようとせず、持氏の願いを黙殺したのである。

希望をくじかれた持氏は、くじ引きで選ばれた新将軍義教や重臣たちに対し、激しい憎悪を抱くようになった。こうした主君持氏の行為を危惧し、幕府と融和すべきだとたびたび諫言したのが、関東管領の上杉憲実《のりざね》であった。

すると憲実は、持氏から敬遠されるようになる。やがて「持氏が憲実を討つらしい」という噂が流れはじめた。このため憲実は、鎌倉を脱して領国の上野国《こうずけ》へ引き揚げてしまう。これに激昂した持氏は、追っ手を差し向け、自らも挙兵して武蔵国府中《ふちゅう》に至り、高安寺《こうあんじ》に陣を敷いたのである。

すでに室町幕府は、関東の不穏な情勢を把握しており、この事態を知るや、諸大名に対して憲実の救援を命じ、後花園天皇に依願して持氏追討の綸旨を出してもらい、関東へ大軍を送った。

結果、持氏は幕府軍に敗れ、鎌倉の永安寺《えいあんじ》に幽閉された。このとき憲実は、主君持氏の助命を嘆願したが、将軍義教はその願いを容れず、自害させるよう命じた。そこで憲実は仕方なく、兵を派遣して永安寺を包囲させたので、持氏は自刃したのだった。この乱を永享の乱と呼び、ここに鎌倉公方は滅んだのである。

ところが翌年、持氏の遺児である安王丸《やすおうまる》と春王丸《はるおうまる》を奉じた下総《しもうさ》の結城氏朝《ゆうきうじとも》が挙兵、自らの城に立て籠もった。すると、これを知った鎌倉公方方の武士たちが呼応し、続々と結城城へと馳せ参じたのだ。

上杉憲実は、関東管領の職を弟の清方《きよかた》に譲って伊豆の国清寺《こくしょうじ》に隠棲していたが、室町幕府の求めに応じて鎌倉に戻って政務に復帰した。一方、弟の上杉清方は総大将となって数万の軍勢で結城城を囲んだ。

こうして始まった結城合戦は、翌年まで膠着《こうちゃく》状態が続いたが、ついに攻城軍が総攻撃を仕掛け、氏朝の敗死によって決着がついた。

以後、鎌倉公方方の武士たちの勢力が弱まり、関東は室町幕府に従順な関東管領上杉氏が実権を握ることになった。

## 反抗する者を無慈悲に処罰した六代将軍・足利義教

足利義満の子・義円（のちの義教）は幼少のころから寺院に入っていたため、政治の世界とは無縁であった。そのため、義教と改名して六代将軍になっても、治世当初は管領や重臣に政務を一任していた。だが、やがて独裁を志向するようになり、抵抗する守護大名や公家を次々に処罰していき、その数は七十人に及んだといわれる。

一四三五年には、僧兵を多く抱え幕府に反抗的であった比叡山延暦寺《ひえいざんえんりゃくじ》の門前町坂本《さかもと》に火をかけている。僧侶出身にもかかわらず、仏罰を恐れないやり方といえる。さらにそれから四年後、先述したとおり、鎌倉府を滅亡に追いやったのだ。

どうも義教は激情型の人間で、まともな精神の持ち主でもなかったようだ。怒りが爆発すると平気で相手にむごい仕打ちをした。たとえば、酌が下手だという理由で、侍女の少納言局《しょうなごんのつぼね》は死ぬほど義教に殴りつけられ、髪を切られて尼にされたと伝えられる。また、義教の存在に気づかずにクスッと笑った東坊城益長《ひがしぼうじょうますなが》は、ただちに領地を没収された。義教に諫言した日蓮宗の日親《にっしん》は、火で熱した鍋を頭にかぶせられ、二度と喋らないようにと舌を切られて放逐された。さらに、守護大名の一色義貫《よしつら》と土岐持頼《ときもちより》も、ほんの些細な理由で義教に殺された。

## 独裁将軍、謀反により終焉を迎える

こうした将軍の所業に「次はきっと自分の番だ」と恐れた人物が、播磨の守護大名の赤松満祐だった。

義教は、背の低い満祐を「三尺入道」と呼んで馬鹿にし、うとんじていた。一方、赤松一族のうち美形であった貞村《さだむら》を寵愛《ちょうあい》しており、満祐は「近く将軍義教が、満祐から領地を没収して貞村に与える」という噂を耳にする。「義教ならやりかねない。そんな屈辱を受けるくらいなら、その前に将軍を殺してしまえ」と考えた満祐は、謀反を決意したといわれる。

一四四一年六月、満祐は巧みに義教を京の自邸へ招き入れ、盛大な酒宴を開いた。部下や貴族を連れて赤松邸を訪れた将軍義教は上機嫌だったとされるが、酒宴のさなか、屋敷の内外が騒がしくなる。

「屋敷から馬が逃げるぞ。木戸をすべて閉じろ！」

そういった怒鳴り声がして、馬を追いかけるふりをした満祐の家臣がバラバラと現れ、屋敷の出入口がすべてふさがれた。いうまでもなく、将軍を逃がさないためであった。やがて、数十人の刺客が将軍義教に殺到、あっけなく義教は殺されてしまったのである。

「将軍、此《かく》の如き犬死、古来、その例を聞かざることなり」（『看聞御記《かんもんぎょき》』）

そう伏見宮貞成親王《ふしみのみやさだふさ》は日記に記したが、まさに前代未聞のことであった。満祐は、その後悠々と屋敷を出て、剣先に突き刺した義教の首をかかげつつ、国元播磨へと落ちていった。幕府では、管領細川持之《もちゆき》が義教の子義勝を七代将軍とし、翌月、播磨へ征討軍を発向させた。いっぽう満祐は、足利直冬の子孫義尊《よしたか》を奉じて幕府軍を迎撃したが、細川持常《もちつね》、赤松貞村、山名持豊《もちとよ》、河野《こうの》通直《みちなお》ら幕府方の諸将が次々と赤松方の城を落とし、九月、城山《きのやま》城《じょう》に追いつめられた。満祐は、幕府軍の総攻撃に耐えきれず、ついに自害して果てた。この事件を嘉吉の乱という。

いずれにせよ、義教の横死により、足利将軍家の威勢は一気に低下したのである。

## 農民たちによって作り出された惣村とは

将軍暗殺の政治的な混乱に乗じて、京都周辺では嘉吉の土一揆《どいっき》が起こった。土一揆とは、畿内を中心に発生した農民（土民）の反抗活動のこと。

鎌倉時代の後期になると、畿内を中心にして荘園や公領（郷）に農民たちが作り出した自立的・自治的な村が生まれる。それが惣村《そうそん》（惣）である。惣村は、南北朝の動乱のなかで各地へ広がっていく。そのしくみだが、おとな（長・乙名）・沙汰人《さたにん》などと呼ばれる名主や地侍層が指導者になって運営された。ただ、大事な案件は、惣百姓（村人）が集まって寄合（村民会議）で決定した。

また、村の祭礼や共同作業、戦乱への自衛を通じて、惣村の構成員は強く結束していった。その中心になったのが宮座《みやざ》。村の神社（鎮守神）の祭礼をおこなう上層農民の祭祀集団だ。

惣百姓たちは村内秩序を維持するため、村の規約である惣掟《そうおきて》（村法・村掟）を定め、これに背く者を追放するなど、村人自身が警察権を行使（地下《じげ》（自）検断《けんだん》）した。

惣村は入会地（山や野原などの共同利用地）を持ち、灌漑用水の管理もおこなったが、そのための税（村税）を村人から集めるケースもあった。領主へ納める年貢なども、地下請（村請・百姓請）といって、惣村が請け負うことが多くなった。

自然災害による凶作や荘官・地頭の非法に対し、惣百姓たちは領主に年貢減免や非法停止を求めて一揆（盟約）を結び、要求が受け入れられぬときは大挙して領主のもとへ押しかけたり（強訴《ごうそ》）、他領や山野に逃げ込んだり（逃散《ちょうさん》）、ときには武力蜂起（土一揆）するようになったのである。

## 土一揆と徳政令

土一揆は、徳政を求めることが多い。徳政とは、幕府が債権者や金融業者に発する債権放棄命令である。室町幕府では将軍義満以降、将軍の代替わりに徳政令が出されるのが恒例になったが、土一揆はその徳政を実力行使で勝ち取ろうというものであった。

一揆を結ぶさい、惣百姓たちは、神に誓う起請文《きしょうもん》を作成し、ときにはその起請文を焼いて、神前でその灰をまぜた水を飲み、団結を誓い合った。これを一味神水《いちみじんすい》という。

こうした統一的な行動をとる場合、荘園や郷単位に複数の惣村が提携したり、領内すべての村が惣荘や惣郷を結成することもあった。ときには、領主の違いを超えて同盟が結ばれることさえあった。

惣村のリーダーのなかには、直接、守護大名と主従関係を結んで武士化する者も現れた。それが地侍《じざむらい》だ。地侍は守護の威光を利用したので、彼らの出現によって荘園領主や地頭が土地を支配するのに支障を来すようになっていった。

さて、畿内の土一揆では、荘園や公領の枠組みをこえ、幕府に借金の帳消し（徳政）などの要求をかかげて高利貸（酒屋・土倉・寺院）などを襲うことが多かった。

日本で初めて発生した土一揆は、一四二八年の正長《しょうちょう》の土一揆だ。近江坂本の馬借《ばしゃく》（交通業者）の蜂起をきっかけに、近江国から畿内の大和や河内、さらには播磨へと広がり、庶民は徳政を要求して証文を破り捨て、質物などを奪ったのである。

この正長の土一揆は、支配層に大きな衝撃を与えた。たとえば奈良の興福寺《こうふくじ》は、守護権を持っていた大和国で徳政令を発している。これを私徳政《しとくせい》（在地徳政）と呼ぶ。

大和国柳生《やぎゅう》の地蔵が彫られた大きな岩に「正長元年ヨリサキ者《ハ》　カンへ　四カンカウニ

ヲヰメ　アルヘカラス」と刻まれているが、正長元年（一四二八）以降は、神戸四箇郷《かんべしかんごう》（大柳生・坂原《さかはら》・小柳生・邑地《おおじ》）に「ヲヰメ（負い目）」、つまり土倉からの借金や滞納した年貢の利子は、いっさいなくなったという意味だと考えられている。

翌一四二九年には、播磨の土一揆が発生する。

一揆は守護の赤松満祐が鎮圧したが、その満祐が十二年後の一四四一年に将軍義教を殺害して播磨へ逃亡したさい、幕府軍は満祐を追って京都を留守にした。すると、その軍事的空白を突いて、嘉吉の徳政一揆が勃発する。これまで以上に大規模な土一揆で、数万人が蜂起したと言われる。しかも一揆勢は連携して京都の出入口を完全に封鎖してしまった。すると、困った幕府は一揆側の要求に屈し、山城一国に徳政令を出したのである。これにより、幕府の威信は大いに失墜した。

ただ、これ以後幕府は、農民や土倉などの高利貸に対し、あらかじめ負債額や債権額の一割から二割にあたる分一銭を幕府に納めれば、徳政令を出したとき、農民の債務は帳消し、あるいは土倉の債権を保証するという法令を出すようになる。

どっちに転んでも、幕府は損をしないひどいしくみといえる。これを分一徳政令というが、結局この法令は、経済力がある高利貸を保護することになった。いずれにしても、分一銭は幕府の大切な収入源となったのである。

## 政治をよそに贅沢に耽った八代将軍・足利義政

六代将軍義教が死ぬと、嫡男の義勝が九歳で七代将軍となるが、十歳のときに病死してしまったので、弟の義政が八歳で将軍家を継ぐことになる。ただ、幼かったので政務は畠山持国《もちくに》が代わっておこなった。十四歳のとき義政は八代将軍に就任するが、幕府の実権は相変わらず側近（乳母の今参局《いままいりのつぼね》、烏丸資任《からすまるすけとう》、有馬《ありま》元家《もちいえ》、伊勢貞親《さだちか》ら）や有力な守護大名が握り、一時は親政を目指すが思うとおりに政治をおこなうことができなかった。このため政治への興味を失い、能の鑑賞や社寺参詣、作庭などに耽溺するようになる。

一四六〇年から翌年にかけて天候不順が原因で、寛正《かんしょう》の飢饉がおこった。一説には、京都だけでも八万人以上の人が亡くなったといわれている。だが義政は、苦しむ人びとを救おうともせず、贅沢な暮らしを続けていた。それどころか、自分の屋敷の再建を始めたのである。時の後花園天皇はこれを見かねて、義政に次のような内容の漢詩を与えたという。

「生き残った民は、飢えて争うようにワラビを採っている。あちこちで食事を作る竈《かまど》は閉ざされている。詩を楽しもうとして口ずさんでみても、痛ましい春二月である。町中の花や青葉はいったいだれのために咲き誇っているのだろうか」

「それは民のためであろう。お前は将軍として何をしているのだ」天皇はそう遠回しに義政をたしなめたのだ。

さすがに義政も天皇の言葉に恥じて造営工事をやめたが、その一方で、この頃から母の重子《しげこ》のために華麗な高倉御所の建築を始めている。

義政の悪政については、応仁の乱を描いた『応仁記』でも、次のように述べられている。

「将軍足利義政は、天下の政治を管領にまかせず、正室の日野富子や香樹院《こうじゅいん》、春日局《かすがのつぼね》といった理非もわきまえず、政治のあり方もわからぬ未熟な者や尼に任せ、自分は酒宴やあそびにふけっていた。義政の時代は、臨時の倉役（税）だとして、大嘗会《だいじょうえ》があった十一月には九回、十二月には八回も土倉（高利貸）から徴収した。また、徳政令を、義政は十三回も発令したので、土倉などはみんな潰れてしまった」

## 将軍の跡継ぎ問題？　応仁の乱の最たる原因

室町将軍家は、代々公家の日野氏から正妻をむかえる慣例ができていたが、義政も一四五五年に日野富子と結婚している。ただ、夫妻はなかなか跡継ぎに恵まれなかったので、引退を急ぐ義政は一四六四年、弟で浄土寺《じょうどじ》の門跡《もんぜき》だった義尋《ぎじん》（後の義視）を還俗させて跡継ぎに決めた。ところがその直後に富子が妊娠し、翌年、男児（義尚）を産んだのだ。彼女は義尚を将軍にしたいと考え、幕府の実力者であった山名宗全《そうぜん》（持豊）に助力を求めたので、驚いた義視も管領の細川勝元を頼った。これにより、守護大名が山名方（西軍）と細川方（東軍）に別れて一四六七年に京都で応仁の大乱が勃発する。

このように富子のわがままが将軍家の内紛となり、大乱に発展したと言われてきたが、近年はむしろ、将軍家の対立は乱の一因に過ぎないうえ、富子のわがままについては史実的に怪しいと考えられている。

やはり一番の要因は、管領を輩出する畠山氏の内紛が高じた結果と見るべきだろう。乱がはじまる十数年前から、畠山氏は政長《まさなが》派と義就《よしなり》派に分かれて一族・家臣が対立していた。山名持豊は、朝敵となり吉野に隠棲していた畠山義就を支援し、一四六七年一月、将軍義政に働きかけて義就と対立する畠山政長の管領職を罷免させた。激怒した政長は、屋敷を焼き払って上御霊《かみごりょう》神社に陣をかまえ、管領の細川勝元に応援を求めた。

しかし勝元は、これに応じなかった。このため政長は、義就軍に襲撃されて敗北を喫してしまった。この戦いを御霊合戦と呼ぶが、これが応仁の乱の始まりとされる。

この時期、三管領の斯波氏でも家督騒動が起こっており、やはり双方が細川勝元と山名にすり寄っていった。こうした状況のなか、西国の守護大名たちも細川方と山名方に分かれ、京都での大戦争へと発展したのである。

当初、東軍の細川方には、将軍義政と息子の義尚にくわえ、義視もいた。だから勝元が堂々と自軍の正統性を主張していた。ところがやがて、勝元と仲違いした義視が西軍に走った。これにより山名方は、義視を将軍に奉じて斯波義廉《よしかど》を管領に任じ、西軍の守護大名たちに位階を与えるようになった。そう、新たに幕府（西幕府）が誕生したのである。このおり、幕府の官僚である奉行人や奉公衆（将軍直属の武士）の一部も、西幕府のほうに加わった。こうして、室町幕府は義政がいる東幕府と義視を奉じた西幕府に分裂することになったのである。

## 十年以上の長きにわたって続いた戦いの結果

応仁の乱の経緯だが、東軍は二十四カ国十六万人以上、西軍は二十カ国十一万人以上もおり、二十数万の大軍が京都市街で激しくぶつかりあった。当初は花の御所を確保し、将軍夫妻と足利義視を手元においた細川方が有利だったが、やがて義視が西軍に移ったことで互角の争いとなる。ただ、双方が華々しく戦ったのは最初のほうだけで、後は執拗な小競り合いが十年以上も続くことになった。

この時期、それまでの一騎打ち戦法が衰退し、奇襲や攪乱《かくらん》のために足軽と呼ばれる機動力に富む軽装の雇われ歩兵を使う集団戦法が主流となっていった。京都は家が立ち並ぶ市街地で馬が使いづらかったこともあるかもしれない。

ただ、この足軽というのが、とんでもない無法者が多かった。関白・太政大臣をつとめた一条兼良《いちじょうかねよし》が九代将軍義尚のために記した『樵談治要《しょうだんちよう》』には、足軽について次のように記している。

「一、足軽は長く禁止されるべきです。昔から世の中が乱れることはありましたが、足軽というものは古い記録にも出てきません。応仁の乱ではじめて登場した足軽は、とんでもない悪党です。洛中洛外の諸社寺、五山十刹の寺院、公家や門跡が滅亡したのは、足軽の仕業です。足軽は、敵が籠もっているところには攻撃をせず、そうでない所を次々打ち破り、あるいは火を懸けて財宝を掠奪すること、まるで昼強盗です。このような例は前代未聞です。しかしこれは、武芸が廃れたために起こったことです。名のある武士が戦うべきところを、足軽にまかせたせいです」

足軽の多くは、国元からかり集めた傭兵で、きちんとした武士ではなかった。まさに乱暴狼藉の限りを尽くしていたことが、「昼強盗」という言葉からわかる。

乱の開始から六年後に大将の山名宗全と細川勝元が相次いで亡くなると、守護大名の多くは国元へ戻り、京都は比較的平穏になったこともあり、一四七三年、義政は将軍職を正式に息子の義尚に譲った。

翌年四月には、東軍の細川政元（勝元の子）と西軍の山名政豊《まさとよ》（持豊の孫）との間で講和が成立した。ただ、その後も京都に在陣する守護大名たちがおり、戦いはだらだらと続いていた。そんな戦いに終止符を打ったのは日野富子だった。彼女は守護大名たちに金銭を貸し与えたり、領国を安堵したりして、残った大名たちを国元へ返したのである。こうして一四七七年、十一年にわたって続いた応仁の乱は終結した。なお、義視は息子の義材を連れ、美濃の土岐成頼《しげより》のもとに亡命。こうして、再び室町幕府は統一されたのである。

ともあれ、この長期的な市街戦により、京都の中心部は焼け野原になってしまい、伝統的建造物の多くが灰となった。『応仁記』には「まさか、花の都がさびれて、狐や狼のすみかになろうとは。たまたま残っていた東寺や北野神社が灰になってしまった」と嘆き、飯尾《いのお》仏法や国法が破滅し、仏教の諸宗派もことごとく絶えてしまったことに思いをはせ、彦六左衛門尉《ひころくざえもんのじょう》（常房《つねふさ》）の歌を載せている。

「汝《なれ》ヤシル都ハ野辺ノ夕雲雀《ひばり》　アガルヲ見テモ落ルナミダハ（あなたは知っているだろうか。都は焼け野原になってしまい、夕方に雲雀が飛び立つのを見ても、涙が落ちてくるよ）」

応仁の乱後、幕府の勢力も京都周辺にしかおよばなくなり、貴族のなかには戦乱を避け、つてをたどったり、自分の荘園へくだるなど、地方へ避難する人びとも少なくなかった。ただ、そのおかげで地方に京文化が拡散したともいえる。

# 第四章 「分裂する幕府と戦国時代」

## 応仁の乱ののち擁立された新将軍・足利義材

応仁の乱の最中に九代将軍となった義尚は、若いながら政治に意欲的であった。ただ引退したはずの義政が権限を義尚に譲渡しようとせず、相変わらず室町殿（東山殿《ひがしやまどの》）として行動していた。このため親子間で確執がおこったものの、再統一された室町幕府はしっかり機能しはじめた。応仁の乱後、室町幕府は力を失い、全国に戦国大名が勃興して戦国時代が到来したという認識は正しくないのである。

応仁の乱終結から十年後（一四八七年）、義尚は二万の大軍を引き連れ近江へ出陣した。幕府に反抗的な六角高頼《ろっかくたかより》を討ち、将軍の権威を高めるのが目的だった。

近江への遠征軍には、守護大名や奉公衆など武士だけでなく、公家や官僚なども加わり、「まるで幕府をそのまま移動させたかのようなこの陣容からも、今回の近江親征が単に討伐を目的としたものではなく、義尚政権の義政政権からの独立・分離を目的としたものであったことがうかがえる」（大薮海著『列島の戦国史②　応仁・文明の乱と明応の政変』吉川弘文館　二〇二一年）という。

この時期になるとさすがの義政も権力を手放すようになっていたが、義尚は遠征によって将軍の声望を高め、完全に政権を掌握したのであろう。

しかし、大軍を率いて近江に赴いたところ、肝心の六角高頼が姿をくらましてしまい、かつ、近江の平定も進まなかった。しかも、近江征討中の一四八九年、義尚は二十五歳の若さで病没してしまったのである。酒の飲み過ぎで体を壊したというが、はっきりした死因はよくわからない。

義尚が亡くなると、日野富子は足利義視の子・義材を将軍にしたいと考えたが、義政が将軍の座に返り咲いてしまう。けれども翌年、その義政も五十五歳で病没した。

そこで富子は、義材の擁立に動いた。父の義視は足利義政・日野富子夫妻から離れて西幕府をつくった裏切り者だったが、義材は富子の甥（妹の子）で、義尚の猶子になっていたという事情があった。

対して細川勝元の子で幕府の実力者・政元は、清晃《せいこう》（義政の異母兄で堀越《ほりごえ》公方となった足利政知の子）の擁立をもくろんでいた。清晃は数年前に上洛し、天竜寺香厳院《きょうげんいん》を継承したが、亡き義尚とは従弟の間柄にあたった。ただ、将軍家における後家・富子の権限は強大で、最終的に新将軍には二十五歳の義材（後の義稙）が就任した。一四九〇年のことであった。

## 元管領・細川政元に日野富子も加担したクーデター

だがしばらく経つと、美濃国から義材と上洛した義視（義材の父）が将軍の後見人として力をふるい始め、やがて富子と対立するようになった。けれど、そんな義視も翌年の一四九一年正月に亡くなり、将軍義材の力は弱体化した。すると義材は、威勢の回復を企図して同年八月、六角高頼を倒すべく近江へ出陣する。前将軍義尚の遺志を継ぐ者であると天下に知らしめるとともに、六角氏を倒して自分への求心力を高めようとしたのだろう。奉公衆に六角氏から奪った土地を与えて結束を固める目的もあったようだ。

高頼はまたも逃亡したが、園城寺《おんじょうじ》に在陣した幕府軍は六角氏の重臣・山内政綱《やまうちまさつな》を殺害するなど、六角勢に打撃を与えて凱旋した。これに気を良くしたのだろう、義材は前管領の畠山政長の願いを聞き入れ、畠山基家《もといえ》（かつて応仁の乱で政長と争った義就の子）の拠点・河内国への遠征を宣言する。

もともと幕府の実力者で元管領の細川政元は、義材の近江遠征に反対だったが、今度の河内征伐も強く反対した。

だが、義材は河内への遠征を強行する。

一説に義材は、河内を平定したあと、政元も滅ぼしてしまおうと考えていたという。ともあれ、政元は日野富子を味方に引き入れたうえで将軍義材の排除に動いた。

研究者の大薮海氏は、「義政・義尚が没した後の日野富子は足利将軍家の事実上の家長であり、義材を後見すべき立場にあった。その富子は、義材が自身の権力強化のために近江国のみならず河内国にまで諸大名を動員し、そのことによって細川政元をはじめとする大名たちと溝を深めている状況をみて、義材に見切りを付けた」（前掲書）と論じている。

一四九三年四月二十二日、政元はにわかに挙兵して清晃を自分の屋敷に迎え入れ、義材を廃して新将軍にこの清晃を立てたのである。このおり実力者の伊勢貞宗《さだむね》（幕府の元・政所執事）もその行動に賛同し、日野富子も政元の屋敷へ参じた。

将軍義材は京都を留守にし、守護大名や直臣（奉公衆）を引き連れ、河内で畠山基家勢を激しく攻め立てていたが、このクーデターを知ると、河内で戦っていた守護大名たちは、続々と義材のもとから離脱して京都へと戻ってしまった。

幕府の実権を握った細川政元は、畠山政長を討つという名目で、将軍義材のいる河内へ大軍を派遣した。結局、戦いに敗れた政長は自殺し、義材も抗しきれずに降伏した。

この一連の流れを明応《めいおう》の政変と呼ぶ。

## 将軍の分立からの返り咲き

捕縛された義材は、京都に連れ戻されて幽閉され、同年十二月には還俗した十四歳の清晃が十一代将軍となった。彼は何度か名を変えるが、以後は一般的に知られている義澄で通すことにする。

一方、身の危険を感じた義材が京都を密かに脱し、故・畠山政長が支配していた越中国放生津《ほうじょうづ》へ入り、さらに諸国の守護大名に細川政元の征討を呼びかけ、北陸の諸大名を糾合し始めた。そして越前国を拠点に勢力を拡大し、近江国坂本まで攻め上っていった。けれど合戦に敗れて京都の奪還に失敗、有力大名の大内義興《よしおき》を頼って西国の周防へ入った。その後も引き続き将軍として振る舞い、諸大名にさまざまな命令や通達を発し始めた。こうして、日本に二人の将軍が分立する状況が生まれたのである。

しかも、京都を制した新将軍義澄を推す京都の細川政元政権も、数年たつと動揺しはじめる。成人した義澄が政務に意欲を示し始めたのだ。政元としては傀儡《かいらい》でいてほしいわけで、双方に相剋が生じ、ついに一五〇二年、再び管領になっていた政元が辞めるといって京都から出てしまったり、逆に将軍義澄が腹を立てて寺院に引きこもるなど、二人の確執が大きくなった。その後は和解して小康状態を保ち続けたものの、五年後の一五〇七年、驚くべき事態がおこった。細川家の家督をめぐり、政元が暗殺されてしまったのである。

すると、周防にいた前将軍義材が活発に行動しはじめ、翌年、西国から大軍を率いて都に乱入、将軍に返り咲いたのである。

対して京都から駆逐された義澄は、京都奪回を目指したものの、残念ながら病死してしまった。

ともあれ、明応の政変を機に、将軍家は義材系統と義澄系統に分裂し、守護大名を巻き込んで争いを続けるようになった。こうした中、室町幕府の支配力は山城一国にしかおよばなくなり、その実権も細川氏からその家臣の三好氏に移り、さらにその家来だった松永久秀に移っていった。対して地方では、独立した権力である戦国大名が登場し、それぞれが自分の分国を拡張するため相争うようになった。戦国大名の出自は、守護大名だったり、守護代だったり、国人《こくじん》（国衆）だったりと多様だが、いずれにせよ、実力がものをいう時代に大きく変わったのである。
現在は、この明応の政変を機に全国的に戦国時代が始まったというのが通説になっている。

## 室町時代の金融と交通の発達

鎌倉時代に金融制度は発達したが、室町時代も宋銭のほか、洪武通宝《こうぶつうほう》や永楽通宝《えいらくつうほう》などの明銭が大量に使用された。鎌倉時代よりいっそう貨幣の流通がすすみ、年貢の銭納が一般化していった。そのため宋銭や明銭はいつも不足しがちで、粗悪な私鋳銭《しちゅうせん》（鐚銭《びたせん》）や欠銭《かけぜに》が流通してしまい、取引のさい良貨を選ぶ撰銭《えりぜに》という行為がおこなわれ、円滑な流通が阻害された。このため幕府や守護大名、あるいは後の戦国大名は撰銭令を出し、粗悪な国内産の私鋳銭の流通を禁止したり、良貨と私鋳銭の混入比率を決めたのである。遠隔地の取引には、鎌倉時代から為替《かわせ》（割符《さいふ》）が使用されはじめたが、室町時代にはそれが一般化した。

こうした金融の発達により、酒屋（酒造業者）などの富裕な商工業者には、豊富な資金力で土倉と称する高利貸業を兼ねる者もあった。彼らは公家などにも金を貸し、返せないと、借金のかたとして荘園の代官職を手に入れる者もいた。

幕府はこうした高利貸を保護・統制した。というのは、営業税である酒屋役や土倉役（倉役）を徴収できる、幕府にとって都合のよい財源だったからだ。

室町時代は、交通の発達にも著しいものがあった。博多、堺、兵庫津《ひょうごのつ》（摂津）などの津や泊《とまり》と呼ばれた港町には、問屋《といや》という卸売業者が拠点をかまえるようになった。

水上交通では、廻船（定期船）の往来が頻繁になった。物資が陸揚げされる坂本、大津《おおつ》、淀《よど》、敦賀《つるが》といった京都近郊地域では、馬借や車借《しゃしゃく》といった零細な陸上運送業者が、京都まで物資を運ぶようになった。

## 幕府の資金調達のため関所が乱立する

交通の発達に伴い、全国に関所が林立するようになる。足利尊氏などは、商売や年貢の輸送、諸人の往来に迷惑をかけるので、新たな関所の設置を禁じたものの効果はなく、やがて幕府自体が盛んに関所を設けて資金を調達するようになった。

東海道、北陸道、山陰道など七つの大路から京都へと入る入口を七口という。一般的には大原《おおはら》口、鞍馬《くらま》口、粟田《あわた》口、伏見口、鳥羽《とば》口、丹波《たんば》口、長坂《ながさか》口だとされる（東寺《とうじ》口、荒神《こうじん》口、竹田口《たけだ》など諸説あり）が、七口には鎌倉時代（あるいは南北朝時代）から朝廷が関所をおくようになった。室町時代になると、関所は京都だけでなく畿内近国に散在するようになる。研究者の大島延次郎氏は、室町中期に「寛正三年（一四六二）には、淀川のほとりだけで、三百八十カ所を数え、文明十一年（一四七九）には、奈良から山城・近江をへて、美濃の明智に至る間に二十九関をもうけた」、伊勢神宮への「参宮街道には桑名・日永間の十八キロに六十の関所をおいて、一文ずつの関銭をとった。さらに伊勢国には百二十関を設けて関銭をむさぼった」（『関所　その歴史と実態』新人物往来社　一九九五年）と述べている。常軌を逸した関所の数だ。しかもこの時期になると、関所の設置などの権限は室町幕府が握るようになる。

高橋昌明氏によると、一四九四年の段階で近江国保坂関の「関銭徴収の権利を持つ者には、朽木氏・六角高頼・小林新左衛門入道の三者があった」（『平安京・京都研究叢書3　洛中洛外　京は〝花の都〟か』文理閣　二〇一五年）とする。このように関銭の徴収権が複数に分割されているのは興味深いが、同年、幕府の使者が朽木氏のもとに訪れ、保坂関の六角高頼の権利は細川政誠《まさしげ》に移ったという幕府の命令書（幕府奉行人奉書）を手渡している。高頼が将軍足利義材の征討をうけ、没官されたからである。また、一四八五年に、小林新左衛門入道が幕府の「御料所であった高島郡船木関公用銭を滞納したため、関務代官職を伊勢貞陸《さだみち》と交換するよう幕府から命じられた」（前掲書）という。このように、関所の権限者の与奪権は幕府が握っていたのだ。関所の通行手形（過書）も、幕府が発行したようだ。

田端泰子著『室町将軍の御台所　日野康子・重子・富子』（吉川弘文館　二〇一八年）によれば、応仁の乱後、将軍義政の正室・日野富子がたびたび京都七口に関所を新設しようとしたと指摘している。その理由は一四七六年に火事で室町第（将軍の御所。この時期、天皇も同居）が焼失し、天皇家や将軍家の宝物に加え、富子の財産が残らず燃えてしまったからだという。しかし領民たちはこれに反発し、たびたび土一揆をおこした。

富子は近江国に御料所（領地）を所有していたが、そこに舟木関《ふなき》をもうけており、「毎月六十貫文の料足が御台の収入として入っていた」とする。ところが「六角氏は文明十一年（一四七九）七月ごろ、押領《おうりょう》を繰り返していた。御台の所領の中には、魚公事徴収権など商業課税があり、それと並んで関所での関銭徴収権も富子が所持していた」ので、それもあって息子の将軍義尚が近江遠征をおこなったのではないかと推論する。

いずれにせよ、支配者にとって関所は経済的にうま味があることがわかる。

## 室町幕府の寺院統制――五山・十刹の制

鎌倉時代は鎌倉新仏教が興ったが、幕府は六宗派のうちとくに禅宗の僧侶をブレーンとして禅宗寺院（主に臨済宗《りんざいしゅう》）を保護してきた。

室町幕府の三代将軍・足利義満もその方針を踏襲、臨済宗の大寺院を京都五山と鎌倉五山とに分け、南禅寺《なんぜんじ》を別格として五山の上に置く制度を完成させた。これは、中国の南宋《なんそう》における官寺の制をまねたものであった。

京都五山は天竜寺、相国寺《しょうこくじ》、建仁寺《けんにんじ》、東福寺《とうふくじ》、万寿寺《まんじゅじ》。鎌倉五山は建長寺、円覚寺《えんがくじ》、寿《じゅ》福寺《ふくじ》、浄智寺《じょうちじ》、浄妙寺《じょうみょうじ》である。

五山の下には十刹が置かれた。といっても寺の数は十ではない。あくまで五山に次ぐ寺格を有するという意味で、最多時は十刹は六十寺を数えたという。五山・十刹の制を設けたのは、室町幕府が寺院の統制を容易にするためだった。足利尊氏の師である夢窓疎石の弟子に、春屋妙葩《しゅんおくみょうは》という僧がいる。この妙葩が五山・十刹を統括する僧録《そうろく》という地位についた。

義満の時代に花開いた北山文化では、この五山の禅僧たちが学問や芸術の世界で華々しく活躍した。彼らのなかには明からの渡来僧も含まれ、逆に、明への留学経験のある僧もいた。そうしたこともあり、宋学（朱子学）に詳しく漢詩文にも卓越していて、やがて彼らによって膨大な木版印刷の作品群（禅宗の書籍など）が五山でつくられた。このような出版物を五山版と呼ぶ。

修辞にとむ五山文学（漢詩文の分野）で活躍した僧としては、春屋妙葩のほかに絶海中津《ぜっかいちゅうしん》と義堂周信《ぎどうしゅうしん》がいる。ただ、そうした高度な文学を理解できる知識層は、同じ禅僧や貴族、あるいは上級武士に限られていたので、広く一般には普及することはなかった。

五山の禅僧は、将軍や守護大名から政治や外交上の相談にあずかることが多く、政治上で果たした役割は非常に大きいといえる。

## 力を持った仏教諸派による一揆も勃発

五山・十刹が室町幕府に保護された官寺であるのに対し、地方や在野で活躍した禅宗寺院を林下《りんか》の禅と呼んだ。臨済宗系での林下の禅の代表は、京都の大徳寺《だいとくじ》。当初、大徳寺は五山の一つだったが、訳あって脱退した。大徳寺の住持に一休宗純《いっきゅうそうじゅん》がいる。京都の妙心寺《みょうしんじ》も臨済宗系での林下の禅である。

曹洞宗系《そうとうしゅう》の寺院は、鎌倉時代から地方を中心に在野で活躍してきたが、その代表が現在の福井県の永平寺《えいへいじ》、石川県の総持寺《そうじじ》である。

室町幕府の保護を受けてきた臨済宗の五山派寺院は、応仁の乱で幕府が衰退すると力を失い、曹洞宗を中心とする林下の禅のほうが人びとの支持を得るようになった。

禅宗以外では、日蓮宗（法華宗）の日親が、他宗を激しく攻撃しながら、町衆《ちょうしゅう》と呼ばれる京都の豊かな商工業者たちの信頼を集めていった。日親は、くじ引き将軍義教の機嫌をそこね、舌を切られ熱した鍋を頭からかぶせられる拷問を受けたという伝説が生まれ、「鍋かぶり上人」と呼ばれた。日蓮宗を信仰するようになった町衆は、応仁の乱後、京都を自治するようになった。京の市街の道をはさんで町（両側町）というコミュニティーをつくり、町掟（町式目）を定めて宿老衆《しゅくろうしゅう》が中心となって自治がおこなわれた。さらに町がいくつもあつまり、町組《まちぐみ》と称する上部組織がつくられ、毎月の当番である月行事町《がちぎょうじ》を決め、町組内の問題解決にあたるシステムを築きあげた。さらにこの町組が連合し、上京と下京が構成された。町衆たちは、荒廃した市街を復興して一五〇〇年からは祇園祭も復活させている。一五三二年には法華一揆を結び、管領の細川氏と結んで一向宗《いっこうしゅう》（浄土真宗本願寺派）の拠点の一つだった山科本願寺《やましなほんがんじ》を焼き払っている。

一向宗は京都の大谷《おおたに》本願寺の蓮如《れんにょ》が急激に勢力を膨張させた。弱小教団だったころの京都の大谷本願寺は、天台宗の比叡山延暦寺などの保護を受けていたが、蓮如は天台宗からの独立をはかり、始祖親鸞《しんらん》の教えをやさしく説いた御文《おふみ》という手紙形式の文章で、信者を増やしていった。だが怒った延暦寺の迫害を受け、大谷本願寺は破壊されてしまう。

そこでいったん蓮如は北陸の地へ逃れ、加賀《かが》と越前の国境に吉崎《よしざき》道場（御坊《ごぼう》）をもうけ、ここを拠点に下層民や女性などに積極的に布教していった。惣村の信者たちは、村の道場に講《こう》というものを組織して固く結束した。そして時には、戦国大名など武士に対して一向一揆をおこすようになる。

こうして信者を増やした蓮如は、一四八三年、再び京都に山科本願寺をもうけ、一四九九年に没した。しかしその後も京都の一向宗の力は各地の一向一揆の勢力を背景に、強まるばかりだったので、町衆たちが法華一揆を結んで一向宗を弾圧したのである。対して、そんな日蓮宗の強大化を恐れた延暦寺の僧兵たちが、一五三六年、京都の町へなだれ込んだ。そのため法華一揆を結んだ町衆たちは、一時京都を追われてしまう。これを天文《てんぶん》法華の乱と呼ぶ。

いずれにせよ、室町時代は庶民層まで取り込んだ仏教諸派が大きな力を持った時代だったことがわかるだろう。

## 分裂した鎌倉公方、戦国大名の走りとなった北条早雲

戦国大名は、基本的に室町幕府の支配を受けず、切り取った領国で独自の統治機構や法律を制定して政治をおこなう存在である。その出自はさまざまであるが、大まかにいって守護大名、守護代、国人（国衆）の出身だ。

とくに応仁の乱で守護大名が京都で戦いに明け暮れている隙に、現地の守護代や国人が力を握り、守護勢力を追い払って戦国大名に転身したパターンが多い。

戦国大名の走りとして北条早雲（伊勢新九郎盛時《もりとき》、宗瑞《そうずい》）がいる。早雲は室町幕府の重臣の家系で、駿河の今川氏の客将だったといわれ、一四九三年に今川氏から兵を借りて伊豆に攻め寄せ、堀越公方の茶々丸《ちゃちゃまる》を一四九八年に自殺に追い込んだ。

堀越公方について、簡単に説明しておこう。

永享の乱の後、殺された鎌倉公方・足利持氏の遺児・成氏《しげうじ》は、下総国古河《こが》を拠点にして鎌倉公方を称した。これを古河公方と呼ぶ。

いっぽう、将軍足利義政は庶兄の政知を鎌倉公方として関東へ派遣した。けれど関東の

武士たちの反発が強く、仕方なく政知は伊豆の堀越にとどまることになった。それが堀越公方だ。つまり、鎌倉公方は二つに分裂してしまったのだ。分裂したといえば、関東管領の上杉氏も山内《やまのうち》家と政知の補佐を命じられた扇谷《おうぎがやつ》家に分かれ、争うようになっていた。

さて、伊豆で足利政知が没すると、その子・茶々丸が強引に堀越公方を継いだので、これに反発する家臣も多く、伊豆国内はごたごたしていた。これを知った北条早雲は、その隙を突いていきなり伊豆を攻めたというわけだ。

早雲は堀越公方を滅ぼした後、隣の相模国へも勢力を伸ばして小田原城《おだわらじょう》を奪った。その子・氏綱《うじつな》がここを拠点とし、さらに氏康《うじやす》—氏政《うじまさ》—氏直《うじなお》と、北条（後北条）氏は五代百年にわたって関東に大領国を築きあげていくのである。

## 全国各地で力を持った主な戦国大名

関東管領の上杉憲政は北条氏の圧迫をうけ、越後の長尾景虎《ながおかげとら》に助けを求めた。このとき憲政は、関東管領の職と上杉の姓を景虎に与えた。こうして景虎は上杉謙信（政虎《まさとら》、輝虎《てるとら》）と改め、頻繁に越後から関東に侵入を繰り返し、北条氏と敵対した。

甲斐は、守護大名出身の武田信虎《たけだのぶとら》が支配していたが、暴政を理由に息子の信玄《しんげん》（晴信《はるのぶ》）

が領国から追放してしまった。実権を握った信玄は、信濃国へ侵攻していった。このため村上義清《むらかみよしきよ》など北信濃の武将たちは、領国を捨てて越後の謙信を頼った。

謙信は彼らに領地の回復を約束、こうして謙信は北信濃の川中島《かわなかじま》で信玄とたびたび戦うことになったのである。

武田信玄と同盟を結んでいたのは、駿河《するが》・遠江《とおとうみ》を支配する今川義元《よしもと》だ。彼はやがて松平《まつだいら》（徳川）氏の三河も支配下に組み入れ、尾張の織田氏を滅ぼそうと動いていく。

美濃は、昔から守護大名の土岐氏が支配してきたが、低い身分から美濃の守護代斎藤家の当主となった道三《どうさん》（親子二代説あり）が、土岐氏を駆逐して美濃の戦国大名に成り上がった。

近江では国人から成長した浅井《あざい》氏が北近江を支配し、南近江の六角氏と対立するようになった。北陸では、管領斯波氏の重臣だった朝倉《あさくら》氏が守護の斯波氏を制して越前を支配し、盛んに一向一揆と抗争した。

畿内では管領の細川氏に仕えていた三好長慶が実権を握るが、その後、長慶の家臣であった松永久秀が力を持つようになった。

中国地方では、大内義隆が重臣の陶晴賢に倒されたが、それを安芸《あき》の国人・毛利《もうり》元就《もとなり》が厳島《いつくしま》合戦で討ち取り、以後は毛利氏が強大化し、山陰の尼子《あまご》氏や豊後の大友《おおとも》氏と戦い、勢力を拡大していった。

四国では、国人出身の長宗我部元親《ちょうそかべもとちか》が土佐一国を支配下に入れ、さらに勢力を拡大し伊予の河野氏と対立していった。

九州では豊後の大友宗麟《そうりん》が六カ国の守護を兼ねるなど、圧倒的な力を見せていたが、やがて薩摩の島津貴久《しまづたかひさ》が南九州に力を伸ばし、さらに肥前でも龍造寺隆信《りゅうぞうじたかのぶ》が成長していった。

東北地方は、姻戚関係を結んだ国人たちが争っていたが、やがて最上《もがみ》氏や伊達《だて》氏が大名に成長、とくに伊達政宗《まさむね》が急速に力を伸ばし、ついには会津《あいづ》の名族・蘆名《あしな》氏をほろぼした。

## 統治のために定められた法律・分国法

戦国大名の多くは、家臣団の統制や領国支配のため、分国法（家法、壁書《かべがき》）を制定し、それに基づいて統治をおこなった。

分国法は、御成敗式目の流れをつぐ幕府の法律にくわえ、地域の実情なども取り入れられている。

代表的なものとして、越前の朝倉氏の朝倉孝景《たかかげ》条々（敏景《としかげ》十七箇条）、肥後の相良《さがら》氏の相良氏法度（相良家法度）、周防の大内氏の大内氏壁書（大内家壁書）、小田原の後北条氏の早雲寺殿《そううんじどの》廿一箇条、駿河・遠江の今川氏の今川仮名目録、陸奥の伊達氏の塵芥集《じんかいしゅう》、甲斐の武田氏の甲州法度之次第《こうしゅうはっとのしだい》（信玄家法）、下野の結城氏の結城氏新法度（結城家法度）、三好氏の新加制式、近江六角氏の六角氏式目（義治《よしはる》式目）、土佐の長宗我部氏の長宗我部元親百箇条（長宗我部氏掟書）などがある。

分国法には、それまで存在しなかった特徴的な法規として、喧嘩両成敗法が含まれるようになった。

家臣どうしの私闘（個人的な争い）は認めず、もめ事はすべて大名の判断（裁判）にゆだねさせるという規定であり、大名への権力集中と領国の安定をねらったものと考えられている。そのほか、私的婚姻の規制や所領売買の制限、農民の年貢未納や逃散を禁じる法令もよく見られる。

戦国大名は、家臣の支配地の面積や収入額を自己申告させ、それらを検地帳《けんちちょう》に登録した。これを指出《さしだし》検地という。

収入額は、銭に換算した貫高《かんだか》という基準で統一的に把握した（西国では米で換算する石高も併用された）。大名は家臣の地位や収入を保障してやるかわりに、その貫高に見合った軍役を負担させた。また、領民には貫高を基準とした年貢を課した。

大名は独立的だった国人（国衆）たちを力で臣従させ、地侍を服属させて家臣団の編成をすすめていった。寄親《よりおや》と呼ばれる有力家臣のもとに、地侍を寄子《よりこ》として配する制度をもうけ、家臣を組織化（寄親・寄子制）する戦国大名も多かった。戦時には寄親―寄子の集団は、それぞれが長槍隊や鉄砲隊など一部隊に編成された。これにより、歩兵中心の集団戦法が可能になった。

## 経済発展のための楽市や鉱山開発

戦国大名は居城の近くに城下町を建設し、主たる家臣だけでなく、商工業者も集住させるようになる。これは、大名や家臣たちが日常生活や戦時に必要な品物を調達できるようにするのが目的だった。

同時に領内の六斎市《ろくさいいち》（月に六回開かれる定期市）を保護し、座の特権を廃止する楽市令《らくいちれい》を出し、市での自由な商取引を保障するようになった。経済発展のために領内に市場や町を増やし、市では自由な商取引をおこなえるよう税をとらないことにしたのである。また、市座役という営業税を領主に払って市座（市場での販売座席）を与えるという制度もやめた。

こうした市場を楽市といい、楽市を命じる法令を楽市令と呼んだ。

ただ、楽市をもうけても人が集まらなければ意味がないので、領内の通行と物資の輸送を円滑にするため関所を撤廃したり、宿駅や伝馬《てんま》の制度を整備したりした。ちなみに領内に集まってきた商工業者については、有力な商工業者を抜擢して、彼らを統制させるようにしている。

大名はまた、領国繁栄のため、盛んに鉱山を開発していった。石見大森《いわみおおもり》銀山、但馬生野《たじまいくの》銀山、甲斐・佐渡・越後の金銀山などは有名だ。さらに、農業発展のため、大河川の治水・灌漑事業も盛んにおこなった。武田信玄が信玄堤と呼ばれる堅固な堤防を釜無川《かまなしがわ》と御勅使川《みだいがわ》の合流地点に構築したことは、よく知られている。

戦国大名といえども、家臣や領民の支持がなければ支配者として君臨し続けることはできないから、領内では善政をしく努力をした。

## 織田信長と足利義昭の対立、室町幕府滅亡へ

足利義昭は十二代将軍義晴の子として生まれ、仏門に入って一乗院《いちじょういん》門跡となったが、別項で述べたように三好三人衆や松永久通らが、兄で十三代将軍の義輝を暗殺したとき、捕

縛されて興福寺に幽閉された。だが、殺される前に細川藤孝《ふじたか》らによって救出され、それ以後は室町幕府の再興を目指して各地を流浪、越前朝倉氏のもとに落ち着いた後、尾張の織田信長の助けを借りて上洛、一五六八年に十五代将軍に就任した。

義昭は将軍の親政を目指したが、信長はこれを認めようとせず、その行動を掣肘《せいちゅう》するようになった。両者の関係が冷え込むと、義昭は将軍の権威を用いて各地の戦国大名らと結びついて信長と反目するようになった。

信長と敵対する本願寺顕如《けんにょ》や浅井・朝倉氏の求めに応じて、甲斐の武田信玄が上洛を目指して大軍で西上してくると、義昭は信長への叛意を明らかにし、拠点の二条城《にじょうじょう》に兵や兵糧を集め、堀を深くして守りを固め、織田軍の襲来に備えるようになった。

そこで信長は一五七三年三月末、一万の軍勢を率いて京都知恩院《ちおんいん》に着陣した。

対して義昭は、信長の家臣で京都奉行・村井貞勝《むらいさだかつ》の屋敷を襲撃した。すると信長は、義昭に対して「自ら剃髪して義昭のもとに丸腰で出頭し、講和を求めたい」と申し入れたのである。

義昭がこれを拒絶したので、信長は下賀茂《しもがも》から嵯峨《さが》にいたる一二八カ所を焼き払わせ、信長自身は足利将軍家の菩提所である等持院《とうじいん》を拠点とし、二条城近辺を焼き払い、城の周囲に厳重な砦をいくつも構築した。

命の危険を感じた義昭は使者を派遣して信長に講和を求めたが、今度は信長のほうがこれを拒んだ。そこで義昭は朝廷に仲介を依頼、正親町《おおぎまち》天皇の勅命が出され、四月七日に信長と義昭との講和が成立、信長はまもなく兵を引いて岐阜へと撤収した。

すると義昭は再び諸大名に信長打倒を呼びかけ、七月になると、二条城を出て山城国槇島城《まきのしまじょう》に拠った。これを知った信長は、京都に攻め入って二条城を陥落させ、さらに七月十八日、織田の大軍は槇島城を攻め立てたのである。

義昭は仕方なく二歳の息子を人質に出して降伏し、三好義継《よしつぐ》の居城・河内国若江城《わかえじょう》へと逃れた。

まもなくして信長は、朝廷に改元を依願。元亀《げんき》四年（一五七三）は天正《てんしょう》元年と改まったが、これをもって一般的には室町幕府の滅亡と捉えている。こうしておよそ二百四十年間続いた室町幕府は幕を閉じたのである。

第三部

# 江戸幕府

## 史上初めて日本全国に権力を浸透させるも、領国支配には介入せず

# 第一章　「江戸幕府の成立」

## 江戸幕府の成立

一六〇三年に江戸幕府が成立するが、この武家政権は二百六十年以上も存続することになる。しかも初期と幕末を除いて、二百年も戦争のない安泰な世の中であった。江戸幕府についての詳細な組織図と役職解説は、巻末の二八六頁以降に収録しているので、ご参照されたい。

この政権を樹立した徳川家康《とくがわいえやす》は、三河《みかわ》国の国衆《くにしゅう》（有力武士）の子として生まれたが、幼い頃から十九歳まで織田《おだ》氏や今川《いまがわ》氏の人質だった。その後、織田信長《のぶなが》と同盟を結んで三河、さらに遠江、駿河と領地を広げて東海地方の大大名となった。後に豊臣秀吉《とよとみひでよし》に臣従するが、政権の重鎮（五大老）として豊臣政権を支えた。

一五九八年に豊臣秀吉が死去したとき、秀吉の息子で跡継ぎの秀頼《ひでより》はまだ幼児だった。すると五大老の筆頭の家康は、他大名と婚姻関係を結んだり、論功行賞をおこなうなどの振る舞いを見せるようになった。一六〇〇年、家康が大軍を率いて上杉景勝《うえすぎかげかつ》を征討すべく大坂城から会津《あいづ》へ向かうと、五奉行の石田三成《いしだみつなり》らが挙兵、まもなく五大老の毛利輝元《もうりてるもと》が大坂城に入って盟主になり、秀頼はその保護下に入った。

これを知ると家康は引き返し、福島正則《ふくしままさのり》、黒田長政《くろだながまさ》、池田輝政《いけだてるまさ》ら諸大名（東軍）を先発させ、やがて自身も出陣、美濃《みの》の関ヶ原《せきはら》で三成ら西軍と戦った。この関ヶ原合戦はわずか数時間で東軍の勝利となり、敗北した石田三成と小西行長《こにしゆきなが》は京都で処刑され、西軍八十八家が改易（領地没収）、五大名が減封となった。没収地は合わせて五百七万石に達したという。

一六〇三年、家康は朝廷から征夷大将軍に任じられ、江戸に幕府を開いた。これにより、諸大名を指揮する正統性を得たわけだ。同年、家康は諸大名に江戸城と城下の造成事業を命じた。これを天下普請《てんかぶしん》といい、以後、いくつもの徳川方の城が天下普請によって築城、修造された。代表的なのは一六一〇年の名古屋城の天下普請だろう。なお、江戸城下の普請は日比谷《ひびや》入江の埋め立て、堀の掘削、利根川《とねがわ》の付け替えなど大規模工事だったので、ほぼ完成するのは三代将軍家光《いえみつ》の時代であった。

一六〇四年、家康は国ごとに彩色された巨大な国絵図《くにえず》と郷帳《ごうちょう》の作成を大名に命じた。郷帳とは、各村の田畑の内訳や石高《こくだか》を郡単位で記し、それを国単位にまとめた冊子のこと。同様の命令は、正保《しょうほう》・元禄《げんろく》・天保《てんぽう》年間にも出されたが、徳川氏が日本の土地支配者であることを知らしめる狙いがあった。

翌一六〇五年、家康は将軍職を嫡男・秀忠《ひでただ》に譲った。徳川氏が将軍を世襲し、その後も権力を握り続けることを天下にアピールしたのである。

関ヶ原合戦後、大坂城の豊臣秀頼は六十万石程度（摂津《せっつ》・河内《かわち》・和泉《いずみ》）の一大名になったが、幕府が成立した後も秀吉以来の地位を保っており、豊臣家に心を寄せる大名も少なくなかった。

そこで家康は、豊臣家を強引に滅ぼす決意をする。豊臣家が再建した方広寺《ほうこうじ》の梵鐘に「国家安康、君臣豊楽」の銘があったが、家康は「この文言は家康の名を二つに引き裂き、豊臣家の繁栄を願うものだ」と非難、これを口実に一六一四年に大坂城を大軍で包囲して攻め（大坂冬の陣）、いったん講和して城の堀を埋めさせたが、翌年、再び攻撃（大坂夏の陣）して秀頼を自害させ、豊臣家を滅ぼした。

この二度の戦いを大坂の役と呼び、これで戦国の世が終わったので元和偃武《げんなえんぶ》ともいう。偃武とは、武器を伏せ武器庫にしまうという意味だ。

## 江戸幕府の大名統制

徳川政権を存続させるために、江戸幕府は脅威になる勢力を徹底的に抑え込んだ。なかでも最も危険なのは大名、とくに外様《とざま》の存在であった。

大名とは、原則一万石以上の石高を有する武士のこと。江戸時代を通じておよそ二百四十～二百七十家ほどが存在したが、徳川将軍家との親疎により三グループに分けられた。徳川一族を親藩《しんぱん》、歴代徳川家に仕えてきた家臣大名を譜代《ふだい》、そして、関ヶ原合戦後に臣従した大名が外様だ。

ただ、大名の区分は、これ以外にも位階の上下や石高の大小、江戸城における控えの間（部屋）の違いなどがあり、幕府はそれらをうまく統制に利用した。

反乱を起こす可能性の高い外様については、家康は関ヶ原合戦後、主に西国の遠地に移封し、江戸城のある関東平野は譜代で固め、京都や大坂、交通の要地なども親藩や譜代を配置した。姫路城《ひめじじょう》や福山城《ふくやまじょう》などは西国における幕府の抑えの城であった。

大坂の役が終結すると、家康は一国一城令を発し、原則、大名の城は居城一つに限り、他はすべて破壊させた。これ以前、大名は領内各地にいくつも城や砦をつくっていたので、一国一城令により大名の防衛力は一気に弱まった。また、有力な大名家臣も領内に城を持ち、広大な土地を与えられて直接支配をおこなっていたので、この法令は、各大名の有力家臣から城を奪うことになり、彼らの弱体化にも成功した。

さらに同一六一五年、将軍秀忠の名をもって、武家諸法度《ぶけしょはっと》を出した。これは大名を統制するための基本法であり、家康のブレーン・金地院崇伝《こんちいんすうでん》によって起草された。

その主な内容は、以下のようなもの。

「文武弓馬（学問や武術）の道に専念しなさい。法令に背いた者を領国に隠し置いてはならない。居城は修理するといっても、必ず幕府に届け出ること。ましてや新しい城を造ることはかたく禁止する。隣国で新しいことを企てたり、徒党を組む者がいたら、すぐに幕府に報告しなさい。幕府の許可無く、勝手に結婚してはならない」

将軍秀忠や家光の時代には、この武家諸法度に反したとして多くの大名を処罰している。一六一九年には広島藩主の福島正則が、崩れた広島城の石垣を無断修築して改易《かいえき》（領地を取り上げ）されている。正則は関ヶ原合戦での功労者だったが、それでも容赦なかった。

家康が死んだ翌年（一六一七）、将軍秀忠は西国大名や公家、寺社に対して領知宛行状《りょうちあてがいじょう》（朱印状。領土の所有権を確認・安堵する文書）を出している。将軍はすべての土地を自由にできる権限があることを明示したのだ。将軍家光も一六二三年に領知宛行状を出し、将軍と大名の主従関係を改めて確認しているが、四代将軍家綱《いえつな》のときの領知宛行状で書状の形式が定まった。

大名には、将軍から石高に応じて軍役が課された。豊臣政権の時代同様、大名は石高に応じて規定の兵馬を用意しておき、将軍の命令によって出陣する義務を課したのだ。ただ、戦争がなくなると、参勤交代が軍役に準ずるものとなったり、大名改易のさいに城を受け取りに行ったりすることや、手伝普請《てつだいぶしん》などが課されるようになった。手伝普請とは、先述のような将軍の城（江戸城や大坂城など）の普請、大規模な河川の工事などのことである。ちなみに将軍家光は、一六三四年に三十万近い軍勢を率いて上洛しているが、これも軍役の一環であった。

## 徳川御三家の成立

徳川家康は大大名になってからも親族に大禄を与えなかった。有力な一門衆をつくらなかったのは、一門の抗争を避けるためだったと思われる。しかし関ヶ原合戦後、徳川政権の成立が確実になると一転して息子たちを大大名にすえて一門衆の創設を急いだ。

次男の結城秀康《ゆうきひでやす》には越前国《えちぜん》福井《ふくい》六十七万石、四男忠吉《ただよし》には尾張国清洲《きよす》六十二万石、五男信吉《のぶよし》には常陸国《ひたち》水戸《みと》十五万石、六男忠輝《ただてる》には下総国《しもうさ》佐倉《さくら》四万石、九男義直《よしなお》には甲斐国《かい》二十五万石にといった具合にである。

なお、徳川一門のその後だが、次男の秀康の家系は幕末まで残ったが、将軍秀忠は秀康の跡継ぎ忠直《ただなお》から不行跡のかどで領地を奪い、その弟に家を継がせて家格を落としている。また忠輝は佐倉から越後国《えちご》高田《たかだ》六十万石（石高は諸説あり）へ加増したものの、後に領地を没収し配流している。

廃絶した家もある。四男忠吉と五男信吉は嗣子なくして二十代で没し、家系は絶えた。

次に、御三家の成立について解説しよう。家康は忠吉の死後、九男義直を甲斐から尾張へ移し、尾張藩を成立させた。さらに信吉亡き後の水戸には、十一男頼房《よりふさ》が入封した。このように御三家のうち二藩は家康の生前に成立したが、紀伊《きい》藩祖の十男頼宣《よりのぶ》は、家康の存命中は駿河・遠江国五十万石の大名であり、彼が紀伊国和歌山五十五万石へ移封されるのは、家康が死んで将軍秀忠の治世になってからのことだった。

御三家は一般的には将軍宗家の血統が絶えたとき、代わって将軍を出す家格だと認識されている。ただ、家康がそう意図したわけではなく、たまたま生き残って、あるいは処罰されずに子孫へ家名を伝えることができた徳川一門が、のちに御三家と呼ばれるようになったと考えたほうがよい。

御三家という概念が成立したのは、五代将軍綱吉《つなよし》以降と考えられている。

## 御三家が定着するまでの推移

そもそも水戸家は、尾張家や紀伊家に比較して家格と領地が違い過ぎる。水戸藩領は尾張・紀伊の半分しかなく、他藩主が大納言にまでのぼるのに対し、水戸藩主は中納言で終わってしまう。そのため水戸藩祖の頼房は、「御三家とは、徳川将軍家、尾張家、紀伊家のことをいうのだ」と述べたといわれる。

それに将軍秀忠の時代は御三家ではなくて御四家だった。秀忠の三男忠長《ただなが》が駿河国五十五万石を領し、尾張・紀伊と同じように大納言に叙任されたうえ、幕府のなかでは御三家より上位とされていたからだ。この家柄は当時四卿と呼ばれていた。しかし忠長は乱行をとがめられ、兄の将軍家光に領地を没収された。

そのあとすぐに御三家が定着したかといえば、そうでもない。将軍家光には家綱、綱重《つなしげ》、綱吉の三子がいた。四代将軍には長男の家綱がついたが、跡継ぎが生まれないため、甲府《こうふ》を支配した綱重、館林《たてばやし》を領した綱吉が有力な将軍後継者として台頭。すなわち一門は二家増えて御五家となったわけだ。

実際、五代将軍には綱吉、六代将軍には甲府の綱重の嫡子・家宣《いえのぶ》が就任していることからも、二家が御三家以上の有力な将軍輩出家系であったことがわかる。だが両家は嗣子が生まれず絶え、ようやく徳川御三家が定着したというわけである。

よく尾張家を御三家筆頭というが、これは将軍継承の優先順位ではない。原則は存在せず、御三家から初めて将軍になった紀伊の吉宗《よしむね》は「家康に一番血筋が近い者」ということで八代将軍に就任している。もし尾張が優先されるのであれば、年齢的にも妥当であった継友《つぐとも》が将軍に選ばれたはずである。

いずれにせよ、この偶然に成立した三つの家柄は、何度か将軍を出し徳川政権の存続に寄与したのは間違いない。

なお御三家から将軍についた吉宗は、生前、次男の田安宗武《たやすむねたけ》と四男の一橋宗尹《ひとつばしむねただ》に江戸城内に屋敷を与え、将軍家綱時代の館林家・甲府家と同じような扱いにした。二人は御両卿《ごりょうきょう》と呼ばれたが、その経費は将軍家から支出され、家臣たちは幕府からの出向のような形をとった。つまり独立した大名とはいえなかった。吉宗の死後、九代将軍家重《いえしげ》が次男の清水重好《しみずしげよし》を同じ待遇にしたことで、いわゆる御三卿《ごさんきょう》が成立したのである。
御三卿のうち一橋家からは十一代将軍家斉《いえなり》と十五代将軍慶喜《よしのぶ》が出ている。

## 参勤交代制度の真の目的

時代劇などでよく登場する参勤交代。大名が江戸と国元を往復する制度である。江戸時代に独自に発達したものだが、これについて詳述していこう。

一六三五年、将軍家光は武家諸法度（寛永令《かんえいれい》）を発布する。寛永令には、それ以前の武家諸法度（元和令）に記載されないままおこなわれていた大名の江戸への参勤交代が義務として明記された。

改めていうと、参勤交代とは、大名の妻子を人質として江戸の屋敷（藩邸）に住まわせ、大名に江戸と国元とを一年交代で行き来させるきまりである。

ただし例外もあって、老中《ろうじゅう》や若年寄《わかどしより》、寺社奉行など重職にあるものは江戸定府とされた。江戸で政治をとる必要があるから国元には戻さないのである。それから御三家の水戸藩主もなぜか江戸定府だった。

対して遠方の対馬《つしま》の宗《そう》氏は三年ごとに、松前《まつまえ》氏は六年ごとに江戸に滞在すればよいとされていた。逆に近隣の関東の譜代は半年交代だった。

それにしても、大名にとっては一年交代で大勢の家臣を引き連れ、江戸と国元の道中を往復するのは難儀なことだったし、江戸に妻子や家臣を置いていたので、江戸屋敷（藩邸）の維持にかかる費用も膨大だった。とにかく参勤交代は経済的な負担が大きく、そのために財政が悪化する大名たちは少なくなかった。

そんなことから参勤交代の目的は、「大名の経済力を削いで、反乱する力をなくすため」と思われているが、これは誤りである。

あくまで結果論なのだ。実際に寛永令では、「参勤交代では近年、従者の数が非常に多くなっている。これは領国の費《つい》えになるし、領民を苦しめることになる。今後は、相応な人数に減らしなさい」と記している。

では、幕府はなぜ諸大名に参勤交代を課したのか。

じつは参勤交代というのは、御恩と奉公の主従関係を確認する儀式なのだ。将軍は諸大名に対し、領地の安堵やさまざまな特権、つまり、御恩を与えている。だから家来たる大名は、将軍のために命を捨てて戦う。そう、奉公である。

これは鎌倉幕府のところで詳しく話したが、江戸幕府も鎌倉幕府と同じ武家政権。とはいえ、戦争がない江戸時代においては、武力をもって奉公はできないので、江戸城にいる将軍のもとに参上して挨拶することで君臣の関係を明らかにし、さまざまな儀式に出席したり警備などの仕事を務めた。それが、この時代の奉公というわけだ。

じつは秀吉も大坂や京都に大名たちに屋敷を与え、妻子を住まわせて参勤をさせていた。家康もそれを踏襲したのである。

## 経費のかかった参勤交代と形式の変化

とはいえ、家康のときはあくまで自発的に江戸に大名が挨拶に来るという形態をとっていた。家康は来訪する大名のために屋敷地を与えた。与える場所は、譜代や外様でも家康に近しい大名は江戸城の近くや大手門近辺、警戒された毛利や伊達《だて》などは離れた埋め立て地などに配置された。ともあれ、拝領された土地に大名は自分で屋敷を建て、そこに妻子を住まわせたのである。

いずれにせよ、君臣関係を確認するための参勤であるわけだから、あえて仰々しく大勢の行列で華やかに江戸にやって来る必要はないはず。そのうえ幕府が行列は質素にせよと呼びかけているのだ。なぜ、大金を投じて参勤交代に金をかけたのか。

じつは、見栄を張ったのである。それぞれの御家の威信をかけ、莫大な金銭を投じて、規定以上の人数や華やかな道具をそろえたのである。大名によっては年間経費のうち、二〇～三〇％を参勤交代で消費していたところもあるそうだ。

なお、参勤交代があるために常時、大名屋敷に妻子や家臣を常駐させておかねばならず、この経費も莫大なもので、多くの藩が収入の過半を費やしていたとされる。

一方、幕府にとっては大名の多くが江戸にいることになったから、いざ戦争や反乱が起これば、ただちに彼らに軍役を課して軍事動員することも可能になった。

同時に江戸に来た大名を監視するのにも役立った。

また、参勤交代には、交通の発達をうながしたり、文化の交流があったこともプラス面として知っておきたい。

後述するが、将軍吉宗はこの参勤交代制度を改変している。諸大名に対し、一万石につき米百石を献上させ、そのかわりに江戸在府期間を半減したのである。幕府財政の赤字を一気に好転させるための方策で、上米《あげまい》と呼んだ。だが一時避難的措置であり、八年間で吉宗は上米を廃止した。

幕末、大老《たいろう》の井伊《いい》直弼《なおすけ》が桜田門外《さくらだもんがい》で殺害されて幕府の威信が失墜すると、薩摩藩の島津《しまづ》久光《ひさみつ》（藩主の父。国父と呼ばれた）が勅使《ちょくし》の大原重徳《おおはらしげとみ》をともない、兵千名を連れて江戸へ入り、公武合体の立場から幕政改革を要求した。幕府はその意見を聞き入れ、一八六二年に改革（文久《ぶんきゅう》の改革）をおこなった。その一環として参勤交代を緩和し、大名の江戸出府は三年に一度、江戸在府期間もたったの百日で良いとしたうえ、人質にしていた大名妻子の帰国を容認したのである。参勤交代というシステムを根底から覆す改変といえた。

幕府もさすがにやり過ぎたと考えたのだろう。一八六五年に参勤交代制度を旧に復すと公言した。が、驚くべきことにほとんどの大名はその命に従わず、この制度は崩壊してしまった。いかに幕府の権威が地に墜ちていたかがよくわかる。

## 朝廷を監視・規制し無力化しようとした江戸幕府

徳川家康は関ヶ原合戦で勝利して覇権を握った。ようは武力で政治権力を勝ち取ったわけだが、形式的には朝廷から征夷大将軍に任じられて政務を委ねられ、江戸に幕府を開いたことになっている。ある意味、朝廷の威光を背景に己の権力を正当化しているわけで、朝廷や天皇というのは家康、そして幕府にとって重要な存在だった。

このため家康は表面上は朝廷を敬い、戦国時代に領地を失った皇室に一万石を寄進、さらに続く将軍秀忠も一万石を献上した。五代将軍綱吉もやはり一万石を献上している。こうして皇室領（禁裏御料《きんりごりょう》）は三万石となった。これに公家領や門跡《もんぜき》（皇族・貴族が住職をする特定寺院）領をあわせると十万石ほどになった。ただ、禁裏御料の管理は幕府がおこなった。綱吉はまた、霊元《れいげん》天皇が求めていた大嘗祭《だいじょうさい》（大嘗会《だいじょうえ》）や賀茂葵祭《かもあおいまつり》の再興など朝廷儀式の復活に力を貸した。

また六代将軍家宣のとき、幕府の侍講だった新井白石《あらいはくせき》は、皇族の減少により皇統が絶えるのを防ぐため、以前からあった伏見宮《ふしみのみや》家、桂宮《かつらのみや》家、有栖川宮《ありすがわのみや》家に加え、一七一〇年、新たに直仁《なおひと》親王（東山《ひがしやま》天皇の皇子）に新しい宮家を創設させた。これが閑院宮《かんいんのみや》家であり、以後、先の三家をあわせて四親王家と称された。

いずれにせよ、幕府の施策により、天皇や朝廷は、江戸時代も将軍の威信を維持するため高い権威を保ち続けたのである。ただ、その権威が勝手に行動したり、外様に利用されるのは防がなくてはならない。だから家康は京都に将軍の城（二条城）を設け、さらに京都所司代《きょうとしょしだい》を置いた。京都所司代は、朝廷や西国大名の監視を行う組織である。朝廷や公家の動向に常に目を光らせたのである。

さらに朝廷と幕府（京都所司代）をつなぐ役として武家伝奏《ぶけてんそう》という職をもうけた。武家伝奏の定員は二名で、公家から選ばれ給与（役料）は幕府から支給された。

ただしこの役職は公武（幕朝）の連絡調整役ではなく、あくまで幕府の指示を朝廷へ伝えるのが役目であった。だから老中の松平定信《さだのぶ》は、「天皇の実父を上皇にしてほしい」とたびたび頼んできた武家伝奏の正親町公明《きんあき》らを処罰している。

一六一三年、家康は公家衆法度《くげしゅうはっと》を出し、公家は代々の学問（家業・家職）に励み、禁裏小番（宮中を昼夜警備する仕事）をつとめるよう規定。次いで一六一五年、禁中並公家諸法度《きんちゅうならびにくげしょはっと》を定めている。その概要を紹介しておこう。

「天皇の身につけるべき技芸は、第一に御学問である。摂関家の出身だといっても、能力のない者を三公（太政大臣、左大臣、右大臣）に任じてはいけない。武家の官位は、公家の定員外のものとして扱うこと。改元は、中国の歴代王朝の元号のうち、吉例から選んで制定しなさい。紫衣《しえ》を許された高僧が住職をしている寺院は、これまで希であった。ところが近年はみだりに紫衣の勅許《ちょっきょ》を出しているとのこと。それでは修行を積んだ年数で決まる席次を乱し、官寺を汚すことになるので、はなはだけしからぬことである」

このように、朝廷の職責、天皇や公家の生活、公家の席次や昇進にまで法的に規制を加え、朝廷を政治的に無力な存在にしようとしていることがわかるだろう。

## 紫衣事件に見る幕府と朝廷の緊張状態

こうした幕府の統制に対し、朝廷が反発して起こったのが、紫衣事件である。

一六二七年、幕府の実権を握っていた大御所の秀忠は、禁中並公家諸法度で禁じたにもかかわらず、相変わらず天皇が幕府に相談せずに紫衣を乱発しているのを違法とし、すべて無効にしたのである。紫衣とは、高僧が身につける紫色の袈裟《けさ》のことで、天皇の許可（勅許）が必要だった。勅許のさい僧侶から礼金が入ったようで、財政難だった朝廷にとっては良い収入源だった。

このとき大徳寺《だいとくじ》の沢庵《たくあん》らは、幕府の措置に敢然と抗議した。すると大御所の秀忠は一六二九年、彼らを流罪としたのである。名僧を処罰することで、勅許より幕府の法令が優先することを天下に示したわけだ。すると怒った後水尾《ごみずのお》天皇は、体調不良を理由に幕府に無断で子の明正《めいしょう》天皇に譲位してしまった。

明正天皇は、秀忠の娘・和子《まさこ》（東福門院《とうふくもんいん》）との間にできた娘で、約八百六十年ぶりの女帝であった。だから秀忠もしぶしぶこれを追認したものの、「二度とこのようなことはするな」と摂関家や武家伝奏に厳重注意を与えたという。

このように江戸初期は、幕府が朝廷の権限を抑えようとしたことで、緊張状態にあったのである。

江戸中期以降も、幕府は朝廷の動向や尊王論の極端な高まりには警戒を緩めなかった。たとえば儒者《じゅしゃ》の竹内式部《たけのうちしきぶ》が京都に塾を開き、尊王論を説いて公卿《くぎょう》や公家に大きな影響を与え、少壮公卿たちが朝廷の権威の回復に動いた。すると、幕府は一七五八年、式部を京都から追放している（宝暦《ほうれき》事件）。さらに一七六七年に山県大弐《やまがただいに》が江戸で門弟たちに尊皇論を唱え倒幕を策したとして捕縛、関係者を処罰、山県を死罪とした。このとき無関係の竹内式部も逮捕ののち流罪にされている（明和《めいわ》事件）。

## 勢力を抑制するための宗教統制

続いて江戸幕府の宗教勢力の統制について紹介しよう。

中世では、大寺社は僧兵という軍事力を抱えて大名に抵抗したり、本願寺《ほんがんじ》は一向一揆《いっこういっき》を組織して大名を苦しめたりした。織田信長、豊臣秀吉は天下統一の過程で仏教寺院から武力と政治力を奪っていったが、家康もこの方針を踏襲した。

一六〇一年から約十五年間にわたって家康は寺院法度《じいんはっと》を出し、宗派ごとに本山・末寺《まつじ》を組織させ（本末制度《ほんまつ》）、その後、寺社奉行をおいて寺院を統括させた。さらに幕府は一六六五年に諸宗寺院法度を発し、すべての寺院に幕府の強い統制を及ぼした。

なお、秀吉は本願寺の顕如《けんにょ》に京都の堀川六条《ほりかわろくじょう》の土地を寄進し、西本願寺が生まれたが、家康は顕如と対立する長男・教如《きょうにょ》に烏丸《からすま》六条の土地を与えている。これにより東本願寺が誕生することになるが、これはあえて本願寺を東西に分裂させて勢力を弱めようとする意図があったとされる。

日蓮宗《にちれんしゅう》の不受不施《ふじゅふせ》派は禁止された。「法華経《ほけきょう》を信仰しない者から一切施しは受けず、他宗の僧侶に布施をしない」という考え方を危険視したからである。

神社についても、同じく一六六五年の諸社禰宜神主法度《しょしゃねぎかんぬしはっと》により、公家の吉田《よしだ》家を本所《ほんじょ》としてその統制をはかった。神仏混淆によって生まれた修験道（山岳信仰）も、聖護院《しょうごいん》門跡を天台《てんだい》系（本山《ほんざん》派）の本山、醍醐寺三宝院《だいごじさんぼういん》を真言《しんごん》系（当山《とうざん》派）の本山とし、修験をどちらかに所属させ、両寺院に統制させた。陰陽道は公家の土御門《つちみかど》家に支配を一任した。

戦国時代に入ってきたキリスト教について、家康は南蛮貿易促進の観点からこれを黙認してきたが、最晩年になって禁教令を発し、その後、幕府は厳しい弾圧をおこなった。このため鎖国下ではキリシタンであることは許されなかったが、仏教徒のふりをして社会生活を送り、密かにキリスト教を信仰し続ける人々がいた。彼らを潜伏キリシタンと呼ぶが、幕府はその取り締まりを徹底した。とくに信者が多かった九州北部では、毎年、キリストや聖母マリアを描いた踏絵《ふみえ》と呼ばれる板を人びとに踏ませ（絵踏）、信仰の有無を確認した。また、褒賞金を出して密告を奨励したり、キリシタンやその親族を監視する類族改めも実施した。

さらに、すべての人々を寺院の檀徒（檀家）として所属させ、キリシタンを根絶するため宗門改《しゅうもんあらため》という信仰調査を実施、村や町ごとに宗門人別改帳《しゅうもんにんべつあらためちょう》（宗門人別帳）に登録するという寺請《てらうけ》制度を設けた。この宗門人別改帳は現在の戸籍としての機能を持ち、寺院は信者が結婚したり移転したり、旅行や出稼ぎに行くさい、寺請証文を発行し、その者が檀家であることを証明した。

以上見てきたように、幕府は大名以外にも徳川政権を危うくする勢力は、徹底的に抑え込む方針をとったのである。

# 第二章 「江戸幕府の職制」

## 特に重要な役割をになう老中と大老、若年寄

室町幕府は、ある程度、鎌倉幕府の政治組織を踏襲したが、江戸幕府は室町幕府の組織を全くといってよいほど模倣していない。ほとんど独自のしくみを整えていった。ただ、政治組織がしっかり整備されるのは、将軍家光の時代であった。家康は幕府を開いた当初は、三河時代以来の家政機関をもとに本多正信《ほんだまさのぶ》ら年寄《としより》(側近)や南禅寺《なんぜんじ》の金地院崇伝、儒学者の林羅山《はやしらざん》ら顧問に政務を分担させるという、簡素なものだった。これを庄屋《しょうや》仕立てと呼ぶが、この形態は次の将軍秀忠にも継承されていった。

では、これから家光以降に整備された政治組織を解説していくが、まずは主たるものに限定して語っていこう。

まず幕府の重職だが、譜代大名と旗本《はたもと》で占められた。信用できない外様はもちろん、徳川一族の親藩も就任できないところに特徴があった。

旗本というのは将軍の直属のうち、将軍にお目見《めみえ》（拝謁）できる家臣をいう。できないのが御家人《ごけにん》（お目見以下）である。幕府には旗本と御家人を合わせて二万数千人程度がおり、これが将軍直属の軍事力になった。

もちろん、幕府の政治組織の頂点に立つのは将軍である。ただ、江戸中期以降、将軍がお飾り的な状況が続いた。

そんな将軍のもとで幕政をになうのが老中である。最初は年寄と呼んでいたが、いまでいえば内閣の閣僚のようなものだ。およそ二万五千石以上の譜代大名から任命された。定員はおおむね三〜五名程度が多かった。このうち老中の筆頭を首座と呼ぶ。ただし、政務は月番制（一カ月交替制）だった。

幕府の重職は基本的に複数制、月番制をとり、重要事項は成員で話し合って決める合議制を採用した。これは一人による独裁を防ぐためだった。

ただ、とくにすぐれた重臣がいるときや幕府が危機に陥ったときには、大老という臨時の最高職（定員は一名）がおかれることがあった。将軍代行といってよいほどの権力があり、重要な事項を審議するときだけ、合議に加わった。二百六十年の幕府の歴史のなかで、わずか十人程度しか任じられていない。

その代表として、五代将軍綱吉のときの堀田《ほった》正俊《まさとし》、幕末の井伊直弼は有名だ。ちなみに大老を多く出した家柄は、井伊家と酒井《さかい》家である。

老中を補佐し、旗本・御家人を監督するのが若年寄で、やはり定員は三～五名だった。

## 幕府を支える奉行や城代、大目付など

簡単な訴訟は各担当部署が決定したが、役職をまたがるような重要事項は、評定所で老中や三奉行、大目付が加わった会議を開いて裁決した。

三奉行とは、寺社奉行、勘定奉行、町奉行のこと。寺社の管理・統制をになうのが寺社奉行で、定員は四名。幕領の行政と財政をつかさどるのが勘定奉行で、幕領の訴訟も担当する。定員四名。江戸市中の警察と司法、行政を担当するのが町奉行である。重要都市だった京都・大坂・駿府《すんぷ》にも町奉行がおかれたが、一般的に町奉行といえば江戸町奉行を指した。定員は二名である。

なお三奉行のうち、寺社奉行だけが譜代大名の就く役職だった。当初は金地院崇伝が寺社行政をになっていたが、その死後、寺社奉行が職制として確立したのである。

京都・大坂・駿府には、二条城・大坂城・駿府城という将軍の城があり、その留守を守

るのが城代である。とくに大坂城代は譜代大名から任命され、大坂の諸役人を統括し、西国大名の監察をおこなうなど大きな権限があり、老中への出世コースでもあった。

伏見・長崎・佐渡《さど》・日光《にっこう》などには、遠国《おんごく》奉行がおかれた。

幕領（幕府の直轄地）のうち、関東・飛騨《ひだ》・美濃等には郡代《ぐんだい》が、その他は代官が設置され、勘定奉行の統括のもとで担当地域の民政をになった。

老中に属して大名の監察をおこなう職が大目付《おおめつけ》（定員四〜五名）である。彼らは常に大名の動向に目を光らせていた。将軍の剣術指南役でもあった柳生宗矩《やぎゅうむねのり》もこの職に就任している。

いっぽう目付は、若年寄に属し旗本・御家人を監察した。こうしたことでわかるように、江戸時代は監視社会であり、大名や旗本以外にも怪しい人々は密偵などによって監視対象になっていた。また、密告も積極的に奨励され、申し出た者には褒賞金が与えられた。

続いて側用人という特殊な職を紹介しよう。将軍と老中の間の連絡調整役で、常に将軍と親しく接する側近であり、定員が一名なので大きな権限を握るようになった。側用人政治と批判されることもあったほどだ。五代将軍綱吉時代の柳沢吉保《やなぎさわよしやす》とか、六代将軍家宣時代の間部詮房《まなべあきふさ》、十代将軍家治《いえはる》時代の田沼意次《たぬまおきつぐ》はよく知られている。

## 徳川十五代将軍の系譜

前項でおおまかな江戸時代の職制を述べたが、もちろん、組織のトップに立つのは征夷大将軍である。将軍になれるのは、鎌倉幕府とは異なり、徳川家康の血筋を継いだ者だけである。

江戸時代の二百六十年間、将軍は十五人輩出した。初代家康にはじまり、秀忠、家光、家綱と直系で将軍職が継承されてきたが、家綱に子供がなかったことから五代将軍には弟の綱吉が、さらに綱吉にも息子がいなかったので甥の家宣が六代将軍を継承、だが七代将軍になった家宣の子・家継が幼くして没したため、将軍宗家の血統は絶えた。このため家康の曽孫にあたる吉宗が御三家の紀州藩から初めて宗家を継承することになった。家重、家治と吉宗の直系が将軍を継いだが、十代家治の息子・家基《いえもと》が急死したことから、吉宗の四男宗尹を祖とする一橋家から家斉《いえさだ》が十一代将軍を継承、十二代将軍にはその子・家慶《いえよし》、そして十三代将軍には家慶の子・家定が就いたが、家定は病弱で子がなく、その後嗣をめぐって一橋慶喜と紀伊藩主・徳川慶福《よしとみ》の争いが起こり、勝利した慶福が家茂《いえもち》と改め、十四代将軍を継承した。家定と家茂は従兄弟どうしだった。だが、家茂は二十一歳で死去してしまい、十五代将軍には一橋慶喜が就任した。ただ、慶喜は一橋家の養子であり、実父は前水戸藩主・徳川斉昭《なりあき》だった。ゆえに家康の血筋を継ぐといえども、これまでの将軍とはかなり血縁関係が薄かった。慶喜はおよそ一年ほど将軍をつとめたあと、倒幕運動に抗しきれず、政権を朝廷に返還（大政奉還）した。これにより形式的に江戸幕府は幕を閉じたのである。

## 将軍の一日の過ごし方

将軍がどのような一日を送っていたのかを紹介したいと思う。とはいえ、時代によって将軍の一日は大きく異なる。今回は、江戸後期の日常生活を語っていこう。

将軍は一日の大半を奥（中奥）で過ごす。朝六時に御休息の間御上段で目覚めると、これを確認した小姓は「もう」と合図する。すると、一斉に人々が朝の支度にとりかかる。

一方、将軍は用を足しに行く。便所は大便所と小便所（それぞれ京間一間）が二枚立障子で隔てられている。冬は便所に火鉢を置き、夏は小姓が団扇であおいだり、蚊遣りをたいたりした。

将軍が便所から戻ると、水の入った茶碗が用意されている。口に含んでうがいを終えると、今度はたらいのお湯で顔を洗い歯を磨く。

朝食は午前八時頃である。粗食だが毎日鱚《きす》の塩焼きと漬焼がつく。ただ一月に三度は鯛《たい》や鮃《ひらめ》の尾頭付きになる。食べたい料理を希望する将軍もいる。家斉などは尾張の鮨を好み、家慶はショウガを毎日食べたと伝えられている。

朝食の最中に御髪番《おぐしばん》が髪を整え、食後に医師の診察がある。その後は自由時間となり、何でも好きなことをしてかまわない。

午前十時頃になると、大奥へ向かう。大奥では御台所《みだいどころ》や側室、上級女中たちがずらりと並んで将軍を出迎える。これを総触《そうぶれ》という。それが終わると、将軍は中奥へ戻った。ただ場合によってはしばらく大奥にいることもあった。

昼食は正午である。前述のとおり料理を大奥で食べる将軍もいた。二の膳付きで、鯛や鰈《かれい》、鰹《かつお》などが出た。

午後一時から政務が始まる。御休息間で老中らから届いた案件を御用取次や側用人に順番に読み上げさせ、それを聞いて次々に決裁していく。可決された案件は「伺之通りたるべく候」という紙札をはさむ。意に沿わないものは、御用取次を通じて再考をうながした。

政務を終えるとしばし楓《かえで》の間でくつろいだが、その後ろに御用の間（四畳半の座敷）があり、大切な考え事をするときはここに籠もった。座敷には箪笥があり、中に将軍自筆の書類や目安箱の意見書、諸大名に与える判物《はんもつ》などが入っている。この部屋で花押《かおう》を書き朱印を押した。

午後五時からは入浴時間になる。将軍は風呂場に行くだけで何もしない。服を脱がせることからはじまって、身体を洗うことから着替えるまで、すべて小姓がやってくれるからである。

午後六時頃から夕食となる。おかずは九品出たが、全部は食べきれないので、箸をつけるだけのものも多かったという。

その後はまた自由時間になり、読書や娯楽など好きなことをして過ごし、夜十時頃に就寝した。なお、大奥へ渡り、御台所や側室と過ごし、そのまま泊まる場合もあった。

## 閉ざされた秘密の園?　江戸時代の大奥

大奥は、江戸城の中にある将軍の妻子が住む区画である。ただ、広義には大奥と呼ばれる場所は、江戸城に三つほど存在する。あまり知られていないが、本丸、西の丸、二の丸それぞれに大奥があったのだ。

本丸御殿の大奥には、将軍の妻子が住んでいる。西の丸の大奥には、将軍の跡継ぎ（世嗣）とその妻子、あるいは大御所（将軍を引退した人）とその妻子が住んだ。二の丸の大奥には、将軍の生母、前将軍の正妻や側室などが生活していた。

ただ、一般的に大奥といった場合、やはり本丸御殿にある大奥をさす。

江戸城の本丸御殿は、大きくわけて表・奥（中奥）・大奥という三空間からなる。面積でいうと、このうち大奥は御殿全体の約六割を占めていた。

ちなみに「表」は、幕府のさまざまな儀式をおこなったり、将軍が諸大名と対面する空間であった。「奥」は、将軍の執務室であるとともに、将軍が日ごろ生活する居住空間である。「大奥」はさらに「奥」の先に位置する。

家康の頃には大奥は制度として定まっておらず、男の家臣も将軍の妻子が住む空間にある程度出入りが認められていたようだ。しかしやがて奥（中奥）と大奥のあいだは銅瓦塀で分断され、出入口は御鈴《おすず》廊下と称する渡り廊下のみとなる。その名称の由来だが、綱を引くと鈴が鳴るしくみになっていたからというが、どのようなものだったかは全く不明である。ただ御錠口《おじょうぐち》という渡り廊下への入口は、九尺七寸（約三メートル）の頑丈な杉戸で閉ざされた。たとえその先に進んでも、渡り廊下を渡り切る手前に杉戸があり、大奥側から施錠されていた。

本丸御殿は明暦《めいれき》の大火で焼失したが、その後、火事のさいの避難用としてもう一つ渡り廊下が新設された（下御鈴廊下）。このため最初の御鈴廊下を上御鈴廊下と呼んだ。

大奥は御広敷《おひろしき》、長局向《ながつぼね》、御殿向という三空間からなる。意外なことだが、広敷は男だけだった。広敷は大奥の事務や警備にあたる武士たちがつめる場所なのだ。男子禁制というイメージが強い大奥だが、じつはそうではない。ただ、広敷役人たちが奥女中（大奥で働く女性の役人）と自由に接触できるかといえば、そんなことはない。女たちがいる長局とは七ッ口で、御殿向とは御錠口で厳重に仕切られ、男の役人はここより先には入れないことになっていた。

御殿向という空間は、将軍と御台所（正室）の生活の場であった。ここでは、奥女中たちが将軍や御台所の世話などにあたった。そして長局、この場所は奥女中が住むプライベート空間だった。

## 階級で異なる奥女中の待遇

奥女中は、幕府の女性官僚といってよい。その職二十以上の階級に分かれていて、最高位を上臈御年寄《じょうろうおとしより》という。一般的には京都から輿入れした皇族や公卿出身の御台所に従って江戸にやってきた公家出身の娘であることが多い。

そんな職制で上臈御年寄に次ぐのが御年寄だが、実際はこの役職が幕府における老中にあたる。格式的には十万石の大名に匹敵し、大奥を取り仕切るトップであった。よく時代劇などで総取締役という奥女中が登場するが、あれはフィクションである。

次いで御客応答、御中臈《ちゅうろう》、御錠口、表使など多くの役職があるが、御三之間から以下は将軍に会うことができない（御目見以下）。御中居《おなかい》、火之番、御半下《おはした》といったお目見以下は、御家人のみならず、町人や百姓の娘から採用されることも少なくなかった。

また、上級の奥女中になると、個人的に雇用したり面倒を見ている部屋方（部屋子）が数名から十数名いた。彼女たちの多くも商人や豪農の娘で、大奥では行儀や芸事が学べるので、短期間でも奉公すると箔《はく》が付いて良縁に恵まれたため、つてをたどって娘を大奥へ入れる人々も少なくなかった。

四代将軍以降、たびたび出された女中法度によって、大奥内での出来事は他言してはならない決まりになっており、大奥入りするさい、女中になる者は血判付きの誓紙を差し出した。近年は地方の農村文書などによって多少は大奥の出来事がわかってきたものの、まだまだ謎が多い。

そもそも上級の奥女中は、病気療養などでない限り、長期的に江戸城から出ることは許されない。中級の奥女中である御次《おつぎ》以下は、宿下がり（休暇）が許された。といっても、大奥に入ってから三年目で初めて六日間、六年目で十二日間、九年目で十六日間という少なさであった。

とはいえ、高級女中はかごの鳥だったわけではない。将軍や御台所の代参というかたちで、寺社参詣は許されていたからだ。ただ、中には絵島《えじま》のように芝居を見たあと、役者と密会して処罰されることもあった。また、ホストクラブのような寺院が摘発されるケースもあった。

上級女中になると、今でいうと二千万円以上の年収があったとされる。また、三十年勤続すると屋敷が下賜され、その賃貸料が懐に入ったうえ、死ぬまで年金がもらえた。

大奥には部屋方を含め、多い時期には三千人を超える人々が暮らしていたとされる。そんな莫大な人件費もあって、大奥は幕府支出のおよそ一割を占めたという。このため享保《きょうほう》の改革をはじめた八代将軍吉宗は、奥女中のうち五十人をリストラした。そのやり方だが、美女を五十名集めさせたうえで、彼女たちに「若くて美しければ、良縁に恵まれるだろう」と退職を申し渡したのだ。

## 世継ぎを残す役割と強い政治力を持っていた大奥

大奥は将軍の妻子が住む空間であるが、同時に徳川家の血筋を残す役割が期待された。ただ、将軍が大奥の女中すべてと性愛関係を持てるわけではない。奥女中は、将軍付、御台所付、世嗣付など仕える主人が決まっていた。一番格が高いのは将軍付で、給与もよかったし数も多かった。将軍が手をつけて良い者は、将軍付の奥女中のうち中﨟の職にある者たちだった。旗本の娘が多く、人数は八人程度である。意外に思う読者も多いだろう。もちろん、どうしても気に入った奥女中がいれば、将軍ゆえ例外もあったが……。

将軍のお手が付いた女性がすぐに側室として遇されるわけではない。子供を産むとか、将軍にとくに気に入られてたびたび同衾《どうきん》を求められると、別室を与えられて御部屋様と呼ばれ、側室に昇格した。

大奥は強い政治力を持っており、桂昌院《けいしょういん》（綱吉の生母）に取り入った柳沢吉保、月光院《げっこういん》（家継の生母）に信頼された間部詮房などは、幕府で権力を握っている。また田沼意次が栄達した一因は、大奥を巧みに懐柔し、思うがままに動かせたからだとわかっている。

ただ、将軍綱吉の頃から将軍と同衾した奥女中が政治的な願い事をしないよう、不思議な制度が成立する。床入りのさい、まったく関係ない女中などが寝室におり、一晩中寝ないで睦言《むつごと》に聞き耳を立て、翌朝、どんなことを話したかを報告するのだ。

ただ、それでも政治力は衰えず、将軍家斉に寵愛された側室・お美代《みよ》の方の親族は、仏教界で大きな力を有している。

# 第三章　「幕府の人民支配のしくみ」

## 江戸時代の租税は百姓から徴収する年貢

江戸幕府の財政基盤は、約四百万石の直轄地（幕領）からの年貢である。人口の八〇％以上を占める百姓（百姓には林業、漁業従事者なども含む）のうち、税（諸役）を徴収するのは本百姓（高持《たかもち》百姓。石高持ちの戸主）である。農村でいえば、田畑や屋敷（高請地《たかうけち》）をもち、検地帳《けんちちょう》に登録された人々だ。ほとんど土地を持たず、地主の田畑を小作したり日用《ひよう》（日雇）仕事をしている水呑《みずのみ》（無高百姓）には課税しなかった。とはいえ小作は、地主に高い小作料を現物で差し出していた。

本百姓の年貢は、田畑や家屋敷に課せられる本年貢（本途物成《ほんとものなり》）が中心だった。これは米で納めるのが基本だったが、やがて銭納も増えていく。十九世紀前半には銭で幕府に年貢を納める村は四〇％に達していたとする研究もある。

年貢率は、役人が秋に収穫の良し悪しを調査して決定する検見取《けみとり》法（検見法）が採用された。年貢率は四公六民から五公五民（収穫の四〇～五〇％）程度が一般的だが、徴収方法は個人から集めるのではなく、村全体にかけて完納させる村請《むらうけ》制が採用された。

ただ、税は本年貢だけでは済まなかった。このほか、山野河海からの収益や副業に課せられる小物成《こものなり》、石高に応じて課される付加税である高掛物《たかがかりもの》という雑税があった。

時には夫役《ぶやく》（労働税）も課せられることがあった。とくに一国や数カ国単位に課せられる大土木工事の人足役（夫役労働）や後述する朝鮮通信使の送迎などの夫役を、国役と呼んだ。街道沿いの村々では、必要に応じて公用交通に人馬を提供する伝馬（助郷《すけごう》）役が課されていた。対象になった村を助郷と呼ぶ。

家康の側近・本多正信は、将軍秀忠に百姓の統治のコツについて「百姓は天下の根本也。是を治めるに法有り」と述べ、「百姓は財余らぬ様に不足なき様に、治むること道なり」（『本佐録《ほんさろく》』）といったと伝えられる。また『昇平夜話《しょうへいやわ》』（高野常道《たかのつねみち》著）によれば、家康は「郷村の百姓共は死なぬ様に、生きぬ様にと合点致し、収納申し付様」と言ったそうだ。農民の財産が増えず、死なない程度にして年貢を絞りとるのが、領主のうまい統治法だったことがわかる。

## 収入を安定させるためにおこなわれた幕府の農業政策

幕府は税を確保するため百姓の農業経営を安定させ、本百姓の維持につとめた。

とくに寛永の大飢饉（一六四一〜四三年）の後、田畑の売買を禁じて農民の没落を防止する田畑永代売買の禁令（一六四三年）を発した。違反した場合は、次のように処罰された。

「田畑の売り主は、牢に入れたうえ、追放する。本人が死んでいるときは、子供を同罪とする。田畑を買った者は、罰金かその代わりに入牢する。本人が死んでいる場合は、子供を同罪とする。田畑を質にとった者がその場所を耕作して収穫を得ているのに、質に入れた者が年貢や諸役を払っている場合についても、田畑を売った者と同様に処罰する。なお、このような行為を頼納買《たのみおさめがい》と呼ぶ」

また同じ年、幕府は木綿、菜種、タバコなどの商品作物を自由につくることを禁じる田畑勝手作《かってさく》の禁を発した。米作りを基本にさせたのである。

一六七三年には、以下のような分地制限令を出した。

「名主や百姓の田畑所有のおよその見積りは、名主《なぬし》は二十石以上、百姓は十石以上、それより石高が少なければ、みだりに土地を分けてはならない。今後は必ず守るように。もしこれに背いたら、いかようにも処罰する」

これは分割相続することで、耕地が細分化するのを防いだのである。

幕府は百姓の日常生活についても、「服は絹ではなく木綿にしろ。派手な祭礼をするな。屋根は瓦ではなく茅葺きや藁葺きにしろ。乗り物に乗るな」など、日ごろの労働や暮らしにまで細かな指示を与えた。このため、米を十分に食べることができず、粟や稗、麦など雑穀を主食とするつましい生活を強いられた農民も少なくなかった。

百姓からの税のほか、幕府は直轄化した江戸・京都・大坂・堺・長崎など重要都市や鉱山からも利益を吸い上げた。とくに鉱山から産出する金銀銅は、幕府の貨幣鋳造の原料となった。中世以来、日本は中国の銅銭を通貨としてきたが、家康は金座と銀座を各地に設け、慶長《けいちょう》金銀を製造しはじめた。貨幣制度については、別項で詳述する。

## 武士という身分、士農工商の誤った認識

秀吉は豊臣政権を樹立すると、百姓から武器を取り上げる刀狩《かたながり》を断行し、一揆を防ぎ耕作に専念させた。また、荘園のように一つの土地に複数人が所有権を持つ状況を解消し、一地一作人の原則といって検地帳に登録した百姓を土地の所有者とし、年貢を請け負わせ

た。ただ、年貢の徴収は、村単位で責任をもっておこなわせた。

また農村に武士が住むことを認めず、城下に集住させた。さらに武士（武家奉公人）が町人や百姓に転じること、百姓が商業や賃仕事をおこなうことを禁止し、身分を固定する政策をすすめた。こうした兵農分離政策は、江戸時代にも踏襲されていった。

支配身分としての武士は、苗字の使用や帯刀などの特権が与えられたが、一方で支配者としてふさわしい高い道徳（武士道）の実践が要求され、辱めを受けたときには己の誇りを守るため、無礼討ち（切捨御免）が義務とされた。

一口に武士といっても、頂点にいる将軍、その直臣である旗本・御家人、一万石以上の大名とその家臣である陪臣、さらに地位の低い足軽など、いくつもの階層に分かれていた。また、武士の家に仕える武家奉公人（若党・中間《ちゅうげん》）は、侍身分と見なされないのが一般的だった。

江戸時代は士農工商（四民）という四身分に分かれたといわれてきたが、この認識は正しくない。武士は支配階級であったが、農工商に関しては身分の上下はなかった。それに農工商という三身分があったという事実も疑問視されている。村に住んでいるのが農民（百姓）、町（主に城下町）に住んでいる町人というように、居住区の違いによる二区分というのが正しい。

そもそも士農工商という考え方は中国から入ってきた儒教思想によるもので、その意味するところは、「国内のすべての人々」というものだった。とくに士というのは知識人や役人をあらわす語だった。それを江戸時代の儒者が、士を武士と解釈し、士農工商を身分の序列と見なしたことから勘違いがおこり、それがそのまま近代に踏襲され、教科書用語として定着してしまったのである。

## 協力と監視によって成り立っていた村の政治

武士に続いて村に住む百姓（主に農民）について解説しよう。

百姓には、おおまかにいうと本百姓と水呑の別があった。その違いはすでに前項で述べた。

江戸時代の村は室町時代の惣村の流れを受け、自治が認められていた。

といっても、近世村は中世の惣村と同じではない。豊臣秀吉が太閤検地《たいこうけんち》で村の境界を画定（村切《むらぎり》）したときに一つの村が分断されたケースもあったし、新田開発が進んで新しく村が誕生することもあった。十七世紀末には村は国内に六万三千ほど存在したとされる。

一村あたりの平均石高は、およそ四百石程度だった。村というと農村のイメージがあるが、山村（山里）や漁村、さらには在郷町《ざいごうまち》もみられた。在郷町というのは、城下町の近くや大きな街道沿いにある都市化した村（商工業集落）のことである。

村では本百姓から名主（庄屋、肝煎《きもいり》）や組頭といった村役人が任命された。また一般の中下層村民（小前百姓）を代表する百姓代が選ばれた。百姓代は、名主や組頭の行動を監視する役目をになった。現代の会社でいえば監査役といえよう。この名主、組頭、百姓代は村方（地方）三役とも呼ばれ、村法（村掟）にもとづいて税の納入、法令の伝達、訴訟事務などの村政をになった。

村は百姓から石高に応じて村入用と呼ぶ経費を徴収し、肥料を採取する入会地や用水路、道の整備、治安維持などを村人共同でおこなった。また、田植えや稲刈り、屋根葺きなど多数の労力が必要な作業は、村人全員が協力しあった。こうした相互扶助による共同作業を結《ゆい》とかもやいと呼んでいる。このように村人の団結や協力は、村の維持のために不可欠であったので、村法に背いた者に制裁を加えることがあった。良く知られているのは村八分であろう。村八分を受けた者は、村人との交際が一切絶たれ、無視され、火事と葬儀以外何も協力してもらえなくなるのだ。

幕府は、村の数戸ずつを五人組に編成し、相互に監視させて年貢の未納や一揆を防止した。また、賞金などを出して、五人組にキリシタンや盗人などの告発を奨励した。また、連座制といって、犯罪は連帯責任とされた。じつに嫌らしい制度であるが、村を支配するうえでこのしくみは効果的だった。

## 税がない代わりに城下町の管理や警備をになった町人たち

手工業に従事する職人（手工業者）や商人は、城下町、門前町、港町、宿場町、鉱山町などの町に住んでいた。このため一括して町人と呼ばれた。町人の大半は、城下町に暮らしていた。城下町は城郭を中心に広がり、武家地・寺社地・町人地など、身分ごとに居住区域が分かれていた。ただ、城下の大半は武家地が占め、町人地は狭かった。

町人地は町方とも称され、町という共同体（小社会）が多数集まって構成されていた。町は、道路の両側に向かい合った区域で形成され、町の入口には木戸が設けられ、木戸番が置かれ、治安のため夜は木戸の門を閉じた。

村と同じように町も自治組織があり、物事を決める町人の集まりを寄合といい、そのために町会所が設けられた。

ただ、狭い意味での町人は、土地や家屋（町屋敷）をもつ地主や家持町人のことで、裏長屋に住むような貧しい住人は含まれない。町で屋敷地の一部や全部を借りている者を地借《じがり》、借家住まいの者を借家・店借《たながり》、商家等に住み込んでいる者を奉公人と呼ぶ。

町は、有力な町人（地主・家持）である名主（町名主、庄屋）や月行事《がちぎょうじ》と呼ばれる町役人を中心に、掟（町掟・町法）に従って運営されていた。

幕府や藩では、こうした城下町の町人地を統括するため町奉行を置き、有力な町人を各町の名主・月行事などの町役人に抜擢、町全体（惣町）には町年寄をおいて町奉行の支配を補佐させた。

意外なことに、町人にはほとんど税が課せられなかった。城下町を繁栄させるため、地子《じし》（地代）などを免除したり、営業独占権などを与える大名も多かった。

ただ、城下町の水道や道路、橋といったインフラの整理や管理、城濠の清掃、防災や治安維持については、町人足役《あしやく》と呼ばれる夫役で負担したり、そのための金銭を提供したりした。また、町人たちは同業者ごとに大工町、鍛冶町など、居住区を別するのが一般的だった。

百姓と町人のほかにも、寺社地に住む宗教者（僧侶や神職、修験者、陰陽師《おんみょうじ》など）、儒者、医者、芸能者（役者、人形遣い、講釈師など）、日用（肉体労働者）、いわれなき差別を受けたえたや非人と呼ばれる人々などが存在した。

## 江戸時代の男女の格差

江戸時代の個人は、代々続く「家」に属し、その家の所属する団体で身分が決定した。武士や伝統ある百姓や町人の家では戸主権が強く、長子が戸主を継承し、それ以外の家族は戸主に従うという形態がみられた。男尊女卑の傾向は次第に強まり、家を継ぐべき男子がいないときも女性が家督を継ぐことは希で、婿養子を迎えて家を存続させた。とにかく家の存続というのが重視されたのである。だから男児を産まない妻に対し、夫が一方的に離婚を申し渡すことも少なくなかった。当時の離縁状は三行半で書かれるので別名を「三下り半」と呼ぶが、そこには離縁の事実にくわえ、再婚の許可を記すのが一般的だった。つまり、再婚許可状でもあったのだ。

婚姻関係にある男性が妾といって、妻以外の女性を愛人として囲う（別宅を与えて生活させる）ことは、子孫をつくり家を存続させる観点から認められていた。また、遊郭などに通うことも問題にならなかった。一方、女性の不倫や浮気は厳しく処罰された。たとえば八代将軍吉宗の時代に成立した「御定書百箇条（公事方御定書）」には「密通いたし候妻、死罪」と規定されている。「密通」は不義とも呼ばれ、夫に内緒で他の男と性的な関係を持つことである。ただし「密通の男、死罪」とあり、浮気相手も処刑された。そのうえ「密通の男女共に夫殺し候はば、紛れなきにおいては構い無し」とあり、浮気や不倫の事実が明らかならば、浮気された夫は妻とその相手を殺しても罪に問われなかった。

幕府や諸藩は刑罰権を独占し、私刑（リンチ）を原則認めなかったが、武士の無礼討ち、敵討ち、そして夫の不貞妻と不倫相手の殺害は容認した。なお、妻や不倫相手が逃亡した場合、夫は彼らを探し出して殺すことができた。これを妻敵討《めがたきうち》と呼び、その手続きは敵討に準じるものであった。

一方、妻が夫を嫌いになったり、愛人ができたりしても、自分のほうから離婚を申し出る権利は認められなかった。ただ、鎌倉の東慶寺《とうけいじ》や上野国《こうずけ》の満徳寺《まんとくじ》では、離婚を希望する女性が駆け込んきた場合、これを保護し、正当な理由があれば離婚を成立させた。

# 第四章 「江戸幕府の外交」

## オランダ・イギリスとの交易の始まり

江戸幕府の鎖国は、独特な外交制度だといわれてきたが、完全に「国を鎖《とざ》していた」わけではない。ただ、人々の海外渡航を許さず、特定の国以外とは外交や交易をしなかったのは本当である。いったいなぜそのような制度を構築したのだろうか。

本項では、国を鎖し始めた家康の時代から鎖国が完成する家光の時代までの変遷を詳しく解説していこうと思う。

関ヶ原合戦の半年前（一六〇〇年三月）、オランダ船リーフデ号が豊後《ぶんご》の臼杵湾《うすきわん》に漂着した。ほとんどの船員は死ぬか動けなくなっていた。豊臣政権の五大老の家康は、リーフデ号を大坂に回航させ、生存者の航海士ヤン・ヨーステン（耶揚子《やようす》）と水先案内人でイギリス人のウィリアム・アダムズ（三浦按針《みうらあんじん》）と会見した。

オランダとイギリスは、これまで交易してきたスペインやポルトガルとは異なり、プロテスタントの国（新教国）である。しかも両国は、旧教国（スペインやポルトガル）と異なり、キリスト教の布教と交易を一体ととらえていないことがわかった。そこで家康はヨーステンとアダムズを外交顧問に取り立て、両国との交易実現に尽力させることにした。

当時の家康は、キリスト教徒の団結を脅威に感じながらも、ポルトガルやスペインとの関係を絶つことができなかった。秀吉の朝鮮出兵によって明《みん》との国交が断絶し、国内需要の高い中国産生糸（白糸）を十分に入手することが難しくなっていた。このため白糸の多くをポルトガル商人から購入せざるを得ない状況だった。それを良いことに、ポルトガル商人はマカオを拠点にして白糸を長崎に持ち込み、暴利で日本人に売りつけていた。そこで幕府は、ポルトガルの利益独占を防ぐため、京都・堺《さかい》・長崎の特定商人に仲間組織（糸《いと》割符《わっぷ》仲間）をつくらせ、彼らに輸入生糸の価格を決定させ、その値（安値）でポルトガルから生糸を一括購入して商人たちに分配する糸割符制度をつくらせたのである。のちに江戸・大坂の商人も加わり、五カ所商人と呼ばれる。

いずれにせよ、こうした状況だったので、家康はオランダとイギリスがポルトガルの代わりを果たしてくれることを期待したのだ。

オランダはスペインから独立し、また、イギリスは毛織物工業で発展、両国とも国家が中心になって東インド会社を設立、アジアでの商活動を積極的に展開しはじめていた。

家康の熱烈な誘致の結果、オランダは一六〇九年、イギリスは一六一三年に肥前国平戸《ひらど》に商館を開き、交易がはじまったのである。

## 東南アジア各国との外交と貿易——朱印船貿易

家康は各国との外交や対外貿易に積極的であり、一六一〇年、京都の商人である田中勝介《たなかしょうすけ》をノビスパン（メキシコ）に派遣している。前年、ルソン（フィリピン。スペインの植民地）の前総督ドン・ロドリゴがメキシコのアカプルコへ向かう途中、上総《かずさ》国に漂着して救助された。スペインとの関係は秀吉の時代に悪化し、日本との交易は途絶えていた。そこで家康はロドリゴを駿府で歓待、ウィリアム・アダムスがつくった船を与えてメキシコへ送り届けたのである。このおり田中勝介を同乗させたというわけだ。その狙いは、ルソンを拠点にするスペインとの貿易の再開だった。

勝介は、アメリカ大陸にわたった最初の日本人だといわれているが、これによりスペインとの通交は復活した。

家康は東南アジア各地へも親書を送り、盛んに東南アジアでの貿易をおこなわせた。幕府が渡航許可証（朱印状）を出した船を朱印船と称したので、この交易を朱印船貿易と呼んだ。すでに秀吉の時代、西国大名や豪商たちはルソン、トンキン、安南《あんなん》（ベトナム）、カンボジア、シャム（タイ）などで通商をしていたので、その方針を踏襲したのである。

なお、実際に朱印船を出したのは、薩摩の島津家久《いえひさ》や肥前の有馬《ありま》晴信《はるのぶ》、松浦《まつら》鎮信《しげのぶ》、因幡《いなば》の亀井《かめい》茲矩《これのり》などの大名、長崎の末次《すえつぐ》平蔵《へいぞう》、荒木《あらき》宗太《そうた》郎《ろう》、博多の島井《しまい》宗室《そうしつ》、摂津の末吉孫左《すえよしまござ》衛門《えもん》、京都の角倉《すみのくら》了以《りょうい》、茶屋《ちゃや》四《し》郎次《ろうじ》郎《ろう》、堺の今井《いまい》宗薫《そうくん》などの商人、そして外国人のヤン・ヨーステンやウィリアム・アダムズらも朱印船貿易をおこなった。この貿易の隆盛によって東南アジア各地には、日本人が自治をおこなう日本町が生まれた。シャムのアユタヤ、安南のフェフォやツーラン、カンボジアのプノンペンやピニャールなどが代表的なものである。

朱印船貿易での輸入品は生糸、絹織物、南方産の砂糖、象牙、鹿皮、鮫皮、薬種、香料、ヨーロッパ産のラシャなど。輸出品は銀、銅、鉄、硫黄などの鉱山物、刀剣などの工芸品だった。また、明の商人は日本へ渡海するのを禁止されていたので、東南アジアで直接日明間の交易がなされた。これを出会貿易という。

## キリスト教の禁止、そして海外渡航の禁止

一六一三年、仙台藩主の伊達政宗は、家臣の支倉常長《はせくらつねなが》らをノビスパン経由でスペイン国王やローマ教皇のもとに派遣、メキシコとの直接貿易をおこなおうとした。この使節を慶長遣欧使節と呼ぶが、もちろん家康も使節の派遣は承知していた。だから使節一行には幕臣も含まれていた。しかし遣欧使節は、目的を果たすことはできなかった。

というのは、幕府がキリスト教を禁じた事実を知ったスペインが、不信感を持ったからだった。じつは家康は一六一二年に幕領でのキリスト教の信仰を禁じ、キリシタン（キリスト教徒）武士を改易し、教会を破壊しはじめた。そして翌一六一三年には禁教令を全国へ拡大したのである。これまでキリスト教を黙認してきたが、一六〇五年前後になると信者は七十五万人に達し、同時に布教がスペイン・ポルトガルの他国侵略と深く関係していることも明らかとなった。そこでこれまでの方針を転換し、キリスト教の教会を破壊して宣教師を国外へ追放、信者に徹底的に棄教を迫るようになったのである。

一六一四年には、キリシタンの高山右近《たかやまうこん》ら三百人余りを、見せしめとしてマニラやマカオに追いやっている。

家康が死んだ後もその外交方針は踏襲され、将軍秀忠も一六一六年八月、中国（明）船以外の貿易船の寄港地を平戸と長崎に限定、一六二二年には長崎で宣教師やキリシタン五十五人を見せしめとして処刑した（元和の大殉教）。

一六二四年、幕府はスペイン船の来航を禁じ、スペインとの国交を絶った。さらに三代将軍家光が実権を握った一六三三年、東南アジア貿易にも制限を加え、朱印状のほか老中奉書を所持した船（奉書船）でなければ海外へ渡航してはならないとした。そして一六三五年、ついに幕府は日本人の海外渡航と帰国を全面禁止したのである。このとき、中国船の寄港も長崎のみに限定した。

## 島原の乱の影響を受け、鎖国体制の完成へ

こうしたなか一六三七年、幕府を驚愕させる島原《しまばら》の乱（島原・天草《あまくさ》一揆）が勃発する。島原藩主の松倉勝家《まつくらかついえ》の領地と唐津《からつ》藩主・寺沢堅高《てらさわかたたか》の飛び地領のある天草で、飢饉の中での過酷な年貢の取り立てに抵抗して土豪や百姓が一揆をおこしたのだ。この地域は、キリシタン大名の有馬晴信や小西行長の旧領だった。このため一揆勢には両大名家の牢人やキリシタンが多数含まれていた。そんな彼らは幕府の方針に沿った藩から厳しく棄教を迫ら

れており、そうしたことも乱の一因だといわれる。ただ、一揆勢のなかには村が蜂起を決めたので仕方なく従うキリシタンや、脅されて一揆に合流した仏教徒も少なくなかった。ともあれ一揆勢は三万という大人数に膨れあがった。その首領は天草（益田《ますだ》）四郎時貞《しろうときさだ》というなんと十六歳（諸説あり）の少年だった。ただ、あくまで象徴的な存在で、実際に戦いの指揮をとったのは牢人たちだったようだ。

その規模に驚いた幕府は九州の諸大名に命じて十二万人を動員し、一揆勢が籠もった有馬地方の原城《はらじょう》跡を包囲した。だが、一揆軍は頑強な抵抗を見せ、翌年、攻城にさいして大将の板倉重昌《いたくらしげまさ》が討死する事態を招いてしまう。

現地に出向いた幕府の老中・松平信綱《のぶつな》は、周囲を徹底的に包囲して兵糧攻めに転じた。同時にキリスト教国のオランダの軍艦に原城跡を砲撃させるなど、心理戦を展開していった。また積極的に一揆勢に投降を勧めた。このため約一万人が城から離脱。そして食糧が尽きた頃合いをみて、原城に総攻撃をしかけ、城内の一揆勢を皆殺しにして乱を鎮圧したのだった。

幕府は当時、ポルトガルを長崎の人工島（出島）に入れ、そのまま貿易を続けるつもりだったが、この島原の乱に大きな衝撃を受け、翌一六三九年、ポルトガル船の来航を禁止した。そして翌一六四〇年、貿易再開を求めてマカオから来たポルトガル使節が来航すると、彼らを処刑し、断固たる態度を見せた。幕府はこのおり、ポルトガル・スペイン両国との戦争も視野に入れ、九州の諸大名に対し沿岸防備、長崎の警備を命じている。

一六四一年、幕府はオランダ商館を平戸から長崎の出島に移し、オランダ人と日本人との自由な交わりを禁じ、オランダ人たちの動静は長崎奉行が監視することにした。こうしていわゆる鎖国制度が確立したのだった。

## 鎖国下におけるオランダ・清との交易

前項で鎖国体制の完成までを解説したが、それ以後、鎖国下にあったといっても、完全に幕府が海外との窓口を鎖したわけではない。そもそも鎖国という言葉は、江戸後期に志《し》筑忠雄《づきただお》という元オランダ通詞《つうじ》（オランダ語の通訳官）がつくった造語である。元禄時代に来日したケンペル（ドイツ人医師）の著した『日本誌』を一八〇一年に翻訳したさい、「日本が海外との通交を閉ざしている状態」を「鎖国」と訳したのだ。

実際は、四つの海外への口（窓）が開かれていた。それが長崎口、対馬口、薩摩口、松前口である。

長崎では、オランダ人と中国人（明→清《しん》）との交易がなされた。

長崎の出島には、バタビア（現ジャカルタ）のオランダ東インド会社の支店（商館）がおかれ貿易がなされた。幕府は毎年（一七九〇年からは四年に一度）、オランダ商館長（カピタン）を交代させ、新任の商館長は将軍に挨拶すべく江戸へ出むくよう命じた。これを江戸参府と呼ぶが、江戸時代を通じて一六六回おこなわれた。さらにオランダ船が来航するたびに、幕府はオランダ風説書を提出させ、海外の情報を手に入れた。

続いて日中貿易だが、朝鮮出兵後、家康は朝鮮や琉球王国を介して明との国交回復を打診したが、正式な国交は開かれなかった。ただ、幕府が明の民間商船（唐船《とうせん》）を歓迎したので、盛んに長崎や平戸に来航するようになった。十七世紀半ばになると、漢民族国家である明が滅亡、かわって満州《まんしゅう》民族（女真《じょしん》族）の清が興り、中国を統一した。だが、明の遺臣である鄭芝龍《ていしりゅう》は、将軍家光に支援を要請、さらに芝龍の子・鄭成功《せいこう》はオランダから台湾《たいわん》を奪い、そこを拠点に長崎に多くの商船を派遣してきた。このおり鄭成功は唐船風説書を差し出し、中国の情勢を幕府に知らせた。この情報は後に幕府によって『華夷変態《かいへんたい》』という書にまとめられた。一説には、将軍家光は鄭成功の求めに従い、援軍を派遣するつもりだったともいう。

清は、鄭成功らに対抗するため海禁政策をとり、自国の民を海外へ出さなかった。ただ、明清動乱がおさまり、清が完全に中国を平定すると、展開令を発して海外交易を認めるようになった。

幕府は清と正式な国交は開かなかったが、民間交易は禁止しなかった。このため長崎に来港する清の商船は年々増加し、貿易額も膨大な量にのぼっていった。そこで幕府は一六八五年、銀の海外流出を心配して年間貿易額をオランダ船は銀換算で三千貫、清船は六千貫を限度とした。さらに一六八八年には、清船は年間七十隻に限定した。清の商人のなかにキリシタンがいたので、キリスト教の禁止を徹底するため、翌年、長崎の各所に住んでいた清国人を唐人屋敷とよぶ区画に居住させるようになった。

長崎貿易では、中国産生糸・絹織物・書籍、ヨーロッパの綿織物・毛織物、南洋産の砂糖・蘇木・香木・獣皮・獣角などが輸入され、銀・銅・海産物・樟脳《しょうのう》などが輸出された。このオランダと清との長崎貿易は、諸大名を介入させず、直接幕府が独占した。

長崎貿易は江戸中期までかなり膨大な取引があり、六代家宣・七代家継の時代に権力を握った新井白石は、国内の保有金は四分の一、銀は四分の三が失われたと試算した。白石はこれ以上、貨幣の原料である金銀銅が流出することを危惧し、一七一五年、貿易を制限する海船互市新例《かいはくごししんれい》（長崎新令、正徳《しょうとく》新令）を発布した。これにより清船は年間三十隻で銀高にして六千貫まで、オランダ船は年間二隻で銀高にして三千貫までと、船数と貿易額を制限した。特に清船については信牌《しんぱい》（貿易許可書）を発行し、これを持参しなければ貿易はしないと通達した。だが、これを知った清は、すべての信牌を没収してしまう。日本の元号が記されていたからだ。清は漢民族の国家ではないが、自国を中華、他国は蕃国（夷）と考える華夷秩序（中華思想）を有しており、信牌を無礼な書だと認識したのである。このため翌年清船は、信牌を持たずに長崎に入港したが、これを知った長崎奉行所はすべての船を追い返してしまった。このため日清貿易が断絶した。すると清は、信牌を清船に返還し、交易を継続させることにした。貨幣の原料である銅の大半を日本から輸入しており、貿易ができなくなると、清の貨幣経済が破綻する可能性があったからだ。

### 国交回復に向けた朝鮮外交──通信使の派遣

家康は、対馬の宗氏を介して朝鮮出兵で断絶した朝鮮との国交回復をはかった。宗氏は、家康の国書を偽造して朝鮮に送ったり、拉致した捕虜を返還するなど努力したので、一六〇七年に国交の回復に成功した。同年、朝鮮から回答兼刷還使がやって来た。国書に対する朝鮮側の回答を伝えるとともに捕虜になった朝鮮人を受け取りにきた使節である。以後、朝鮮からは幕府の将軍の代替わりごとに、祝いの使節が派遣された。日本の国情を視察する目的もあったというが、この使節を（朝鮮）通信使と呼ぶ。初回から三回目までの回答兼刷還使も含め、通信使はあわせて十二回来訪した。その人数は三百〜五百名におよび、正使は高い地位の人物だったので、接待も大変だった。

そうしたこともあって新井白石は、通信使の待遇について簡素化した。さらに朝鮮の国書は将軍を「日本国大君殿下」と記していたが、「日本国王」と変更させ、将軍の権威を上げたのである。なお白石と同門（木下順庵《きのしたじゅんあん》の門下生は木門《ぼくもん》と呼ばれた）で、対馬藩の対朝鮮外交を担当した儒者の雨森芳洲《あめのもりほうしゅう》は、通信使の簡素化に反発して白石と対立した。

日朝貿易だが、一六〇九年、対馬の宗氏が朝鮮と己酉《きゆう》約条を結び、釜山《ふさん》に倭館《わかん》を開き、朝鮮出兵以来途絶えていた交易が再開された。宗氏は、釜山の倭館に家臣を常駐させ、毎年二十隻の船（歳遣船《さいけんせん》）を送って朝鮮と交易した。朝鮮から生糸や米、木綿や朝鮮人参などが輸入され、対馬からは東南アジアの胡椒や薬剤、蘇木・銅・錫が輸出された。長崎貿易と異なり、日朝貿易の利益は宗氏が独占することを許され、宗氏はそれを家臣に分配し主従関係を保った。

## 薩摩藩と琉球、松前藩とアイヌの交易

一六〇九年、薩摩藩主・島津家久は家康の許しを得て琉球王国を武力制圧(琉球征服)した。そして琉球王国の那覇に藩の役人を常駐させ、兵農分離をすすめて農村を支配した。ただ、そのまま尚《しょう》氏を石高八万九千石余りの琉球国の王位につかせ、独立国の姿をとらせた。中国(明、清)との朝貢《ちょうこう》貿易を継続させるためである。

琉球王国は以前から明の冊封《さくほう》を受けており、薩摩に服属した後も、朝貢使節を福建《ふっけん》の港へ派遣、そこから北京へ出むいて朝貢貿易をおこなった。貿易の利益の多くは薩摩藩が吸い上げた。

尚氏は、将軍の代替わりを祝う慶賀使と琉球国王の代替わりを感謝する謝恩使を、島津氏の同行のもと江戸へ派遣した。入貢のおり、琉球の使節は民族衣装をまとって江戸にやって来た。これは幕府にとっても、はるか南の異国の使節が挨拶に来たことが人々の目に見えるわけだから、将軍権威の高揚に利用できた。このため琉球使節が江戸に来るたび、幕府は褒美として薩摩藩主の官位を上げた。

蝦夷地《えぞち》(蝦夷ヶ島)を支配する松前氏は、一六〇四年、家康からアイヌとの交易独占権

を認められた。松前氏とアイヌとの交易地域は商場《あきないば》（場所）と呼ばれ、松前氏はアイヌとの交易権を知行として家臣に与えることで主従関係を結んだ。蝦夷地は寒冷なので稲が育たず、禄として米を支給できなかったからである。

松前藩とアイヌとの交易は、本土の米などの食糧や衣服をアイヌ側へ移出し、昆布や鮭、毛皮などを松前藩が移入した。こうした制度を商場知行制と呼ぶ。

一六六九年、松前氏の不当な支配に対し、シャクシャインというアイヌの首長が蜂起した（シャクシャインの戦い）。乱は大規模化して松前藩は危機的状況に立たされたが、幕府の指示のもと津軽《つがる》藩の支援を得て蜂起を鎮圧。以後アイヌは全面的に松前藩に服従させられた。さらに十八世紀前半になると、和人商人に運上金（税）を上納させ、場所（商場）の経営を委ねる場所請負制が広まる。和人商人は一定の上納金を払えば、そのほかは自分の収入になるので、アイヌの人びとを労働力として酷使したのである。

## 日露関係の悪化と外国船の頻出

いわゆる鎖国政策をとってきた江戸幕府だったが、十九世紀になると、その政策に動揺を来し、やがてアメリカのペリーの来航によって改変を余儀なくされていく。幕末の外交の流れを解説していこう。

十八世紀半ば、ロシアは千島《ちしま》列島から蝦夷地まで南下し、アイヌと密貿易をするようになった。そして一七九二年、ロシアの女帝エカチェリーナ二世が、蝦夷地の根室にラクスマンを使節として派遣し、幕府に通商を求めてきた。

時の為政者は老中の松平定信だったが、彼はロシアの通商要求に対し、これを容認しようと動いた。というのは、ラクスマンが直接江戸に行って、日本人漂流民大黒屋光太夫《だいこくやこうだゆう》らを将軍に引き渡したいと主張したからだ。そうなると江戸の防備の手薄さが露見してしまう。そこで仕方なく、ラクスマンに信牌（貿易許可証）を渡して国際港である長崎への回航を命じたのである。

結局、ラクスマンは諸事情により、長崎へ赴かなかったが、幕府は危機感をおぼえ、近藤重蔵《こんどうじゅうぞう》や最上徳内《もがみとくない》に択捉島《えとろふとう》など千島列島を探査させ、択捉島に「大日本恵登呂府《えとろふ》」という標柱を立て日本領だということを明確にした。さらに一八〇二年、東蝦夷地を幕府の直轄地とした。

一八〇四年、ラクスマンの信牌を持ったロシア使節レザノフが長崎に来航して通商を要求した。すでに定信が失脚していたこともあり、幕府はレザノフの要求を拒絶。するとレザノフの部下らが樺太《からふと》や択捉島、蝦夷地に攻撃を加えてきたのだ。こうして日露関係は極度に悪化し、幕府は一八〇七年に蝦夷地すべてを直轄地にして松前奉行の支配下に置き、東北諸藩に警護にあたらせた。さらに間宮林蔵《まみやりんぞう》に樺太とその対岸を探査させた。一八一一年には、国後島《くなしり》に上陸したロシア軍艦の艦長ゴローウニンを捕らえて監禁したのである。するると翌年、ロシア側も報復として択捉航路を開拓した淡路《あわじ》の商人・高田屋嘉兵衛《たかだやかへえ》を拉致、カムチャツカに連れ去った。しかし翌一八一三年、嘉兵衛は送還され、彼の努力によってゴローウニンは釈放されることになったため、日露関係は改善した。

ところが、今度は別の国との紛争がおこる。

一八〇八年、オランダ船を装ったイギリスのフェートン号が長崎に入港。臨検のために幕府の役人や出島のオランダ人が小舟で船に近づいたところ、フェートン号はオランダ人たちを拉致したのだ。じつは当時、イギリスとフランスは戦争をしており、オランダがフランスの占領下にあった。このためフェートン号は、バタビアから長崎へ向かうオランダ船を攻撃する目的で来港したのである。しかし船が長崎にいなかったため、オランダ人を人質にとり、長崎奉行所に対し食糧や水を要求したのだ。

当時、佐賀藩が長崎の警備をになっていたが、太平に慣れて規定数の一割程度しか兵を置いていなかった。兵力が少なく撃退できないと判断した長崎奉行の松平康英《まつだいらやすひで》は、仕方なく要求を聞き入れ、フェートン号が退去したあと責任をとって切腹した。また、警備の不手際をとがめられ佐賀藩主も幕府に処罰された。

その後も外国船は頻繁に日本近海に姿を現し、住民といざこざを起こすようになった。それまで幕府は着岸した外国船に水や食糧を提供して穏便に退去させていたが、一八二五年、異国船（無二念《むにねん》）打払《うちはらい》令を出し、外国船（清国・朝鮮・琉球王国の船は例外）を見つけ次第、容赦なく撃退させたのである。

## ペリー来航、開国に向けて動き出した幕府

外国船が盛んに出没するようになったのは、産業革命が関係していた。十八世紀後半、蒸気機関の発達などにより、イギリスが工業社会に変わり、その動きはヨーロッパ諸国にも波及、こうして欧米は市場や原料が調達できる地域を求めて東アジアにまで到達したのである。やがてイギリスは清に強引に戦争（アヘン戦争）をしかけ、戦後、不平等条約（南《なん》京《きん》条約）を押し付けて香港《ホンコン》を奪った。

アヘン戦争での清の敗北を知った幕府は衝撃を受け、イギリスとの戦いを避けるため異

国船打払令を撤廃し、一八四二年に薪水《しんすい》給与令を出した。「外国船がやって来たら薪（燃料）や水、食糧をあたえて穏便に帰す」という法律だ。再び外交政策を転換したのである。

この頃、鎖国下で交易があったオランダの国王が幕府に開国を勧める親書を送った。幕府はこれを謝絶したが、一八四六年、アメリカ東インド艦隊司令長官のビッドルが浦賀《うらが》に来航、幕府に開国を求めてきた。

幕府はこれを拒絶して退去させたが、七年後の一八五三年、東インド艦隊司令長官のマシュー・ペリーが軍艦四隻で浦賀に来航。幕府にフィルモア大統領の国書を押しつけ、強硬な態度で開国（開港）を迫った。幕府は翌年に返答すると述べてペリーを退去させたが、その直後にロシア使節のプチャーチンが長崎に来て開国を要求した。ここにおいて幕府の老中・阿部正弘《あべまさひろ》は開国やむなしと判断、翌年来航したペリーとの間に日米和親条約（神奈川条約）を結んだ。

その内容は、「下田《しもだ》・箱館《はこだて》の開港。両港でのアメリカ船への燃料・食糧の給与。難破船や乗組員の相互救助。アメリカへの一方的な最恵国待遇の付与。アメリカ領事の下田駐在の承認」であった。

和親条約は、イギリス、ロシア、オランダとの間でも結ばれた。とくに日露和親条約では、国境についての取り決めが含まれている。千島列島は択捉島より南が日本領、得撫島《うるっぷ》より北をロシア領とし、樺太は特に境界を定めず、両国人雑居の地とした。

## 列強諸国との交易を開始、国内では反感も

一八五六年に下田に着任したアメリカ総領事のハリスは、通商条約の締結を幕府に迫り、交渉の結果、幕府はこれに同意し、老中の堀田正睦《まさよし》（下総佐倉藩主）が京都へ赴いて通商条約の勅許（朝廷の許可）を求めたが、攘夷（外国人排斥）主義者であった孝明《こうめい》天皇は、これを許可しなかった。だが、かわって大老に就任した井伊直弼は、一八五八年、天皇の勅許を得ないで日米修好通商条約に調印した。それは、第二次アヘン戦争（アロー戦争）で清国がイギリス・フランスに敗れたことが影響している。この戦争で清国はひどい不平等条約（天津《てんしん》条約）を結ばされた。ハリスはこの事例をあげてイギリスやフランスの脅威を伝え、アメリカと条約を結ぶほうが有利だと主張したからだった。

日米修好通商条約の内容は以下のとおりだ。

「①神奈川・長崎・新潟・兵庫の開港と江戸・大坂の開市。
神奈川開港六カ月後、下田を閉鎖。

②通商は自由貿易。
③開港場に居留地をおく。外国人の遊歩区域を離れての国内旅行は禁止。
④領事裁判権（治外法権）の承認。
⑤協定関税制度（関税自主権の欠如）の承認」
④の領事裁判権（治外法権）は、犯罪をおかした外国人は当該国の領事が裁き、日本の法律では裁けないという不平等な条項。
⑤の協定関税制度（関税自主権の欠如）だが、関税は国境を越えて取引される品物にかけられる税。独立国は、安い海外の製品から国内の産業を守るため高い税率の関税をかけることができたが、日米修好通商条約ではアメリカと話し合って個別に協定を結ぶことになった。あきらかに不平等条約であることがわかるが、幕府はオランダ、ロシア、イギリス、フランスとも同じような条約を結んだ（安政の五カ国条約）。
こうして一八五九年から横浜・長崎・箱館で列強との交易がはじまる。

貿易では生糸や茶の需要が高く、高価で取引されたので、農村の在郷（在方）商人は生産者から買いつけた品物を問屋を通さず直接開港場へ送るようになった。このため江戸などの大消費地では品薄状態になって価格が上がり、それに連動して諸物価も高騰、人々の生活は苦しくなった。

また幕府は一八六〇年に小判の質や量を大きく下げた。列強と金銀の比価が大きく異なったからだ。金と銀の交換率は外国一対十五に対して日本一対五。つまり外国では三倍も日本より金の価値が高かった。このため貿易がはじまると、外国商人は銀貨を持ち込んで日本の金貨を買った。たちまち十万両以上の金が流失してしまったので、仕方なく幕府は、金貨である小判の価値を三分の一に落とした（万延《まんえん》改鋳）。ただ、金貨の質を落としたことで、ますます物価高となった。さらに幕府は兵庫の開港期限を延長する代償として、一八六六年に改税約書に調印、輸入税率を二〇％（例外あり）から五％に引き下げたので、安価な外国の品物が国内に流れ込んで、綿作農家や綿織物業界が壊滅的な打撃を蒙った。

このように貿易がはじまると、庶民の生活は苦しくなり、貿易に対する反感から攘夷運動が高まり、幕府への不満が広まり、一揆や打ちこわしが増加していったのである。

# 第五章 「江戸時代の交通・経済・刑罰」

## 大きな街道で交通の要地となった宿駅

江戸幕府は、将軍のお膝元である江戸の日本橋を基点として、重要な幹線道路である五街道（東海道・中山道《なかせんどう》・甲州道中・日光道中・奥州道中）を整備した。

また、伊勢《いせ》街道、北国街道、中国街道、長崎街道など、脇街道（脇往還）とよばれる主要道路も発達していった。こうした大きな街道には、二〜三里おきに宿駅（宿場）がおかれた。東海道には品川・大津《おおつ》間に五十三宿、さらに大津・大坂間に四宿。中山道は板橋・守山《もりやま》間に六十七宿あった。

宿駅には、問屋場《といやば》といって役人が人馬の手配や公的な書類・荷物の継ぎ送りにあたる施設があった。幕府専用の継飛脚《つぎびきゃく》は、通常二人一組で書状や荷物を運んだ。「無刻《むこく》」と呼ばれる超特急便だと、江戸と京都の間をわずか六十時間程度で走りぬけたといわれる。

飛脚（通信機関）は継飛脚のほか、大名飛脚や民間の町飛脚も発達し、書状や金銭、小荷物を扱う飛脚問屋が生まれていった。江戸と京都・大坂を月に三度往復する三度飛脚なども登場する。

宿駅には、幕府の役人や大名、公家が利用する宿泊施設（本陣・脇本陣）も設置された。街道はこうした人たちの通行が最優先された。これを御用通行といい、東海道の宿駅には公用で使われる人馬が百人・百頭、中山道は五十人・五十頭、他の五街道には二十五人・二十五頭常備されていた。足りないときには、別項で述べたように沿道沿いの村々（助郷）から税（伝馬役）として徴発した。

公用として人馬が徴発されるさい、無料か一般の半額程度しか賃銭が支払われず、沿道の村にとっては伝馬役は重い負担となったので、その免除を求めて一揆が起こることもあった。

宿駅周辺にはやがて、一般旅行者が泊まる旅籠《はたご》（食事付の旅館）や木賃宿《きちんやど》（素泊まりの宿）、食べ物屋や土産屋など店が並び、宿場町が形成されていった。江戸時代中期以降、庶民もお伊勢参りといった寺社参詣の旅に出むくようになり、宿場町はそんな旅行者たちで活気にあふれるようになった。

街道には一里ごとの道しるべである一里塚がつくられ、橋や渡船場なども整備されていった。ただし、軍事的な観点から大井川《おおいがわ》や天竜川《てんりゅうがわ》などにはあえて橋をかけなかった。

さらに旅人や通行人をチェックする関所が設けられた。主な関所としては東海道の箱根や新居《あらい》、中山道の碓氷《うすい》や木曽福島《きそふくしま》、甲州道中の小仏《こぼとけ》、奥州・日光道中の栗橋《くりはし》が有名である。

とくに関所では「入鉄砲に出女」を厳しく監視した。江戸に入ってくる鉄砲と江戸から密かに脱出をはかる大名の妻子をチェックしようとしたのである。また、江戸に入る「入女」も禁止することがあった。女性が地方から江戸へ流出すると、農村の人口が減少してしまうからだ。

## 海上の交通網も発達していった

交通といえば、江戸の町では牛車《うしぐるま》（牛に引かせる荷車）や人が引っ張る大八車が多数あって、さまざまな荷物を運んだのだが、火事のときに邪魔なうえ、交通事故が頻繁におこるので、事故については死罪や流罪など厳罰でのぞむようになった。

海上交通も年貢米輸送を中心に、古代から盛んだった瀬戸内海航路にくわえ、大坂と江戸を起点に、航路や港が整備されていった。

大坂・江戸間の南海路には、十七世紀前半から大型の帆船である菱垣廻船《ひがきかいせん》などが定期的に運航し、木綿・油・酒などさまざまな品物を大坂から江戸へ運ぶようになった。十八世紀前半になると、樽廻船が登場、この船が酒樽以外も上積み荷物として安く運送したので、十九世紀以降になると菱垣廻船より優位に立った。

十七世紀後半、幕府の命令を受けた江戸の豪商・河村瑞賢《かわむらずいけん》は、東北からの幕府直轄領の年貢米を江戸や大坂へ安全に運ぶ海路である東廻り海運（陸奥荒浜《あらはま》—江戸）と西廻り海運（出羽酒田《さかた》—大坂—江戸）を開発した。このように全国的な海上交通網が構築されていった。

十八世紀末になると、北前船が登場する。この船は西廻り海運を利用し、大坂から瀬戸内海を経て下関《しものせき》から日本海へ出て、北陸の各港に停泊しながら蝦夷地の松前や江差《えさし》へ米や必需品を運び、鰊《にしん》の〆粕《しめかす》などを満載して戻ってきた。

内海船《うつみぶね》は、尾張の知多《ちた》半島を拠点に江戸から瀬戸内海にかけて活躍した廻船である。

内陸部から年貢米や産物を河口へ運ぶ河川舟運も発達した。とくに京都の豪商・角倉了以が大堰川《おおいがわ》や富士川、高瀬川《たかせがわ》を開削し舟運を開いている。先述の河村瑞賢も淀川治水のために安治川《あじかわ》を開いている。

## 江戸時代の通貨と三都の発達した城下町

中世から戦国時代にかけては、中国（宋や明）の銅銭が通貨として広く流通していたが、一六〇一年、徳川家康は金貨と銀貨を大量に鋳造した。それが慶長金銀である。以後、江戸幕府は自前で通貨を鋳造して流通させる方針をとり、金座が江戸と京都におかれ、後藤《ごとう》庄三郎《しょうざぶろう》が小判・一分金・一朱金などの計数貨幣を鋳造した。銀座は、伏見・駿府から京都や江戸に移され、丁銀《ちょうぎん》や豆板銀《まめいたぎん》など、秤で重さをはかって用いる秤量《しょうりょう》貨幣がつくられた。三代家光の時代になると、江戸と近江坂本など各地に銭座がつくられ、寛永通宝を中心とする銅銭が大量に造られ、十七世紀中頃までに金・銀・銭の三貨が全国に流通していった。

三貨は、一両＝銀五十匁（のち六十匁）＝銭四貫文（四千枚）と交換率が決められていた。ただ、東日本は金遣い、西日本は銀遣いといって、主に使用する貨幣の種類が異なったうえ、実際は三貨の交換率が常に変動したので、両替や銀の秤量の必要から両替商が繁栄した。

両替商としては、呉服商から発展した越後屋《えちごや》の三井高利《みついたかとし》のほか、大坂の天王寺屋《てんのうじや》や鴻池《こうのいけ》、江戸の三谷《みたに》、加島屋《かじまや》などが有名である。とくに幕府や藩の公金の出納や貸付（大名貸）などの業務を行う有力な両替商を本両替という。一方、庶民や下級武士を相手にした小規模な金融業者である質屋や高利貸もあった。

十七世紀後半になると、財政難に陥った大名家の中には、領内だけで流通する藩札《はんさつ》を発行するところもあらわれた。

江戸時代は、城下町が発達した時代でもある。城下町は、大名の城郭を中心に武家地・寺社地・町人地（町方）など、身分ごとに居住地が決められていたことはすでに話した。特に巨大だったのが江戸・大坂・京都の三都である。

江戸は明暦の大火後、市街地が拡大され、十八世紀初めに人口は百万人を数えた。参勤交代のために常駐する武士が人口の半数を占め、「将軍のお膝元」として幕府の役所や武家屋敷が集まり、日本最大の消費都市となった。

大坂は経済の中心として西日本や北陸、東北の蔵物《くらもの》（藩の年貢米や特産物などの貢納物）や納屋物（農民の農作物や手工業者の製品などの一般商品）が集まる大商業都市となった。だから「天下の台所」と呼ばれ、約四十万人の人口のなかには大坂城代や大坂町奉行所の役人（武士）もいたが、住民の大半が商人だった。また、住友《すみとも》の銅吹所《どうふきしょ》がおかれ、日本産銅の大半が精錬されるなど、加工業も盛んだった。大坂で集積された品物の大半は、南海路で最大消費都市である江戸へと運ばれた。これを「下り物」といい、ここから質が悪い、程度が低いことを「下らないもの」と言うようになったという。

京都は天皇や公家が住んでおり、寺社の本山（本寺）も多数あったので観光都市として栄えたが、西陣織・京焼・京染（友禅染）など工芸品や手工業の先進地でもあった。また、京都所司代のほか、京都の民政をになう京都町奉行所がおかれた。

### 問屋の発達と株仲間の登場

十七世紀後半になると、商業の中心として問屋が発達する。問屋は、それぞれの業種ごとに仲間（同業者団体）をつくって仲間掟を定め、各地からの商品の受託や仕入れなど営業圏の独占をはかるようになる。江戸の十組問屋や大坂の二十四組問屋は、江戸や大坂への荷物輸送における海難事故や荷物の損害の保障を目的につくられた問屋仲間の巨大連合体である。

先述のとおり、大坂から江戸へ向かう商品を「下り物」と呼んだが、具体的には十組問屋から注文をうけた二十四組問屋が「下り物」（江戸積商品）を仕入れ、十組問屋の支配下にある菱垣廻船問屋に商品の運送をまかせた。

幕府は当初、問屋が仲間をつくって独占営業をするのを認めなかったが、十八世紀以降、運上《うんじょう》・冥加《みょうが》（売上税や営業税）の負担を条件に公認するようになった。営業独占権を株と称し、「株をもつ幕府公認の仲間」という意味で株仲間と呼んだ。

やがて問屋以外の商人や職人たちの仲間組織も公認されるようになる。

また、大店《おおだな》（大きな商家）の商人として、近江商人や伊勢商人、京都の商人が、三都や城下町に出店《でだな》（支店）を出し、全国的な商活動をしていった。

## 江戸時代の流通、蔵物と納屋物の違い

当初、手工業の生産は都市の職人がになったが、やがて農村でも織物業を中心に農村家内工業（農民の副業）がはじまった。問屋のなかには、豪商と結んで農村で商活動をおこない、農民たちに原料や道具、資金を貸し、問屋制家内工業を組織する者も登場した。

問屋・仲買・小売といった分業も進み、その売買の場である卸売市場が三都（江戸・大坂・京都）や城下町に発達した。大坂では堂島《どうじま》の米市場、雑喉場《ざこば》の魚市場、天満の青物市場、江戸では日本橋の魚市場、神田の青物市場が代表的な卸売市場だ。小売の多くは店舗を持たず、棒手振《ぼてふり》（振売《ふりうり》）といって、天秤棒の両側に商品をぶらさげ、各地をまわって売

り歩く零細な商人だった。

江戸時代は、幕府も藩も年貢米や特産物を売って現金を得る必要があり、流通システムがしっかりと確立していった。大坂には、各藩の年貢米や特産物が集まってきた。それらの品物は各藩の蔵屋敷に保管されたので蔵物という。蔵物は当初、藩の蔵屋敷の蔵役人がタイミングを見て売却していたが、やがて販売を請け負う蔵元《くらもと》という商人が相場を見ながら販売するようになった。蔵物の収益金の出納は掛屋《かけや》という商人が担当した。蔵元と掛屋を兼ねる商人も少なくなかったし、彼らは両替商であることが多く、大名貸をすることも珍しくなかった。

蔵物に対し、一般の商品は納屋物と呼ばれてやはり三都に運ばれたが、その取扱量は年々増加していき、十八世紀初めには蔵物を上回るようになった。

江戸でも大坂と同じ流通の仕組みが確立されるが、幕府の天領の年貢は、原則浅草の米蔵に納められた。蔵米取りの中下級の旗本・御家人たちは、ずらりと並ぶ浅草米蔵から俸禄として年三回米を支給された。ただ、大八車などで大量の米俵を積んで浅草から自宅まで運ぶのは大変だし、換金するのも面倒。このため浅草の蔵前《くらまえ》に店舗を構える札差《ふださし》（蔵《くら》宿《やど》）に手数料を払って換金を一任するようになった。ただ、やがて旗本・御家人の多くは、蔵米を担保に札差から金を借りるようになり、金融業が札差の主要な活動になっていった。

## 犯罪者の裁きは町奉行所でおこなわれた

江戸時代の刑罰について詳しく見ていこう。江戸時代の犯罪は、証拠があったり目撃者がいたりしても、本人の自白がないかぎり有罪にはならなかった。だから自白しない場合は、笞打《むちう》ちや石抱き、海老責めといった拷問を用いることもあった。ただ、担当役人の吟味下手がわかるので、なるべく避ける傾向にあった。

では江戸の町民を裁いた町奉行所の事例を紹介しよう。

犯人が自白すると、犯行の経緯とそれを承認する口書《くちがき》（口上書《こうじょうしょ》）を役人が作成し、容疑者にそれを読み聞かせ、異議がなければ爪印《つめいん》を押させた。

罪は御定書百箇条に照らしたり、例繰方《れいくりがた》と呼ばれる役人が過去の事例と比べたりして刑罰を決定し、町奉行の裁可を求める。重刑については老中や将軍の裁可が必要になった。

罪が確定すると、町奉行所は犯罪者を奉行所内へ呼んで、町奉行が御白洲《おしらす》から直接判決を申し渡した。このおり、町奉行は吟味席の中央奥に座り、左右に与力・目安方が陪席する。御白洲には同心二名が容疑者に向かい合う形で座った。とくには徒目付《かちめつけ》や小人目付が立ち合う場合もあった。

ただ、判決が死刑などの重罪であり、罪人が町人の場合は、御白洲ではなく牢屋敷のなかで役人が犯人に判決を申し渡すのが慣例だった。武士や僧侶などの身分がある者に対しては、座敷で宣告をおこなった。その後すみやかに刑が執行された。

## 正刑は六種類——江戸時代の刑罰

続いて江戸時代の刑罰について解説しよう。

刑罰は大きくわけて正刑、属刑、閏刑《じゅんけい》の三種類があった。

正刑というのが正式な刑罰で、古代の律令の「笞、杖、徒、流、死」をそのまま踏襲しており、「呵責《かしゃく》、押込《おしこめ》、敲《たたき》、追放、遠島、死刑」の六種類である。

属刑というのは、正刑に付属して科される刑罰だ。「晒《さらし》、入墨、闕所《けっしょ》、非人手下《ひにんてか》」の四種である。闕所というのは、正刑に応じて財産を没収すること、非人手下は、身分を非人に落とすことである。

閏刑というのは、身分に応じて科される刑である。具体的には逼塞《ひっそく》、閉門、蟄居《ちっきょ》、改易、預《あずけ》、切腹などは、武士だけに科された閏刑だ。

過料、閉戸《へいこ》、手鎖《てぐさり》は庶民（百姓や町人）に、髪の毛をそり落とす剃髪などは女性のみに科された。

では正刑について順番に解説しよう。

最も軽い「呵責」には「叱り」と「急度叱り《きっと》」の二種類があった。後者のほうが罪が重い。呵責に処せられた者は、町名主や家主等に連れられて町奉行所に行き、奉行所の役人から注意や厳重注意をうけた。

「押込」はその名の通り、犯罪者を一室に閉じ込める刑だ。座敷に格子をつくる場合、土蔵などに放り込むケースがあり、その期間も罪の軽重によって二十日、三十日、五十日、百日と決まっていた。

敲刑は体罰であり、庶民の男子のみが対象とされた。収監された牢屋敷の前で、笞で体を強く叩かれる。罪の軽重によって五十回と百回があった。

続いて「追放」である。これには所払い、江戸十里四方所払い、軽追放《かるき》、中追放《なかの》、重追《おもき》放の六種類があった。

遠島は、死罪に次ぐ重い刑罰で、伊豆七島に流された。島内での行動は原則自由だが、自活しなければならなかった。

正刑のうち最も重いのが死刑である。だが、その死刑も罪の軽重に応じて「下手人《げしゅにん》、死罪、獄門、磔《はりつけ》、火焙り、鋸引《のこぎりびき》」の六種類に分かれていた。

### 同じ打ち首でも処刑後の扱いが異なった

下手人、死罪、獄門の三種は、いずれも刀で首を刎《は》ねて殺す処刑方法である。

その違いは、殺された後にある。

下手人は単に首を切り離されるだけだが、死罪は遺体を試し切りにされたり、そのまま放置されたりする。獄門は、台の上に首を晒されるという恥辱を受けた。

死刑（打ち首）は、伝馬町牢屋敷内の東北隅に設置された切場（処刑場）で執行された。

下手人は昼間、死罪は夜と決まっていたようだ。

牢獄から引き出された死刑囚は、牢庭改番所《ろうていあらためばんしょ》へ入れられた。瓦葺きで平屋建ての小さな建物である。室内には役人などの関係者がずらりと並んでおり、死刑囚は縁側に腰掛けている検使与力の前に引きすえられ、鍵役が名前や肩書、年齢などを確認し、本人が相違ない旨を告げると、検使役が罪状と判決を記した文書を読み上げる。読み終わると、死刑囚は「おありがとう」と言わなくてはならなかった。

その後、死刑囚は引き立てられて切場へ連れていかれる。このとき牢の前を通過するが、各牢の前に来ると、牢名主代が哀悼の言葉をかけるのが慣例だった。

切場の入口で死刑囚は半紙を二つ折りにしたもので目隠しされた。これを面紙と呼ぶ。その後、土壇場に座らせられる。土壇場は斬首になる台で、その前には大きな穴が空いている。ここに首が落ち、血が流れ出るのである。

死刑囚が着座すると、切り縄の背結びや喉縄が小刀で切り放たれ、執行人たちは着物を引っ張って両肩までずり降ろし、手をそえて首をのばし、さらに死刑囚の両足を強く後ろに引いて身体を前に出した。

死刑囚の首に添えた介助者の手が離れた瞬間、首討役は刀を振り下ろした。

首討役は町奉行所の当番同心がつとめることになっていたが、江戸では麴町平河町《こうじまちひらかわちょう》の浪人山田浅右衛門《やまだあさえもん》が非公式につとめて以来、代々山田家の当主が執行することが多かった。

死刑囚が下手人の場合は、遺体は引き取り人に下げ渡された。死罪の場合は、遺体は刀の切れ味を確かめる試し切りなどにされることもあった。また、罪人の財産は没収された。遺体は捨て置きということで、本所や千住《せんじゅ》の回向院《えこういん》に葬られた。獄門の場合は、切り落とした首を水で洗い、俵に入れて青竹を貫いて千住の小塚原《こづかっぱら》や品川の鈴《すず》ヶ森《もり》の刑場に運び、獄門台のうえに三日間晒したのである。

## 苦しみながら死に至る公開処刑

主殺しや放火など、当時の重罪は、今のべたような処刑ではなく、もっと残酷な方法で公開処刑となった。それが磔、火焙り（火刑）、鋸引きである。

これらの刑は千住の小塚原か品川の鈴ヶ森の刑場で執行された。まずは磔について説明しよう。

牢屋敷から出された死刑囚は、刑場に向かう途中、この世の名残として、最後の食事が許され、好きなものを飲み食いすることができた。代金は検使役が自分の懐から出すことになっていた。

いよいよ死刑囚が刑場に到着すると、罪木《ざいき》と称する柱に体を縛りつける。罪木は長さ二間の太い柱に手と足を縛る二寸角の二本の横棒が交差した形になっている。

ここに荒縄で罪人を縛りつけてから三尺余り掘った穴の中に罪木を立てかけ、地面をよく突き固めて倒れないようにする。

検使役は、部下の同心に命じて死刑囚に名を尋ね、相違なき旨を確認した上で刑の執行を命じた。

白衣に股引、脚半、尻端折姿に縄襷をかけた突手六人のうち、二人が槍を握って左右に分かれ、死刑囚の目の前で槍の穂先を交差させる。これを見せ槍と呼ぶ。

その後、二尺ほど下がって、いきなり「ありゃ、ありゃ」と声をあげながら、槍を罪人の脇腹に突き刺した。槍を抜くとき、血が柄に伝わらぬよう必ずひねりを加えた。およそ二十数回から三十回ほど交互に突く。ひねりを加えるため、傷口が大きく穴をあけ、そこから血液だけでなく臓物や食べ物なども飛び出すため、そのむごさにいかなる剛胆な見物人も青ざめたといわれる。また、すぐに死ねないため、罪人の苦痛は甚だしいものであった。

十数回、槍をつくと多くの者は絶命するが、頃合いを見計らって浅草弾左衛門《あさくさだんざえもん》が死体を改め、検使役の許可を得た上で突手に命じて咽喉を右から刺し貫かせた。これを止《とど》めの槍と呼ぶ。

検使役が死亡を確認した後、そのまま三日二夜、遺体はそこに放置された。

火焙りの刑も品川の鈴ヶ森か千住の小塚原のどちらかで執行されたが、その前に、属刑（付加刑）として「引き廻し」がおこなわれた。放火の場合は、火をつけた近辺や被災地域を裸馬などに乗せられて、その憔悴《しょうすい》した姿を世間に晒された。

磔柱に縛り付けるところまでは同じだが、木の枝などを罪人の前後左右へ立て掛け、藁などをかぶせて火をつける。たちまち炎があがり、ぱちぱちと音を立てて身体が焼けていく。そのさい執行人が竹ぼうきで罪人を叩いて炭を落とし、さらにほうきに火を移して鼻の穴に向ける。こうして黒く焼け焦げたところで検使役が確認して刑は終了となる。なお、火罪執行後、止めをさすため鼻を焼くが、男の場合、さらに陰嚢《いんのう》を焼き、女の場合は乳房を焼いた。これをとめ焚きと呼んだ。

さて、磔や火あぶりより残酷なのが、鋸引であろう。

これは主人を殺害するなど、大逆罪に限定された。身体を土に埋めたり、箱の中に押し込めたりして、首だけ地面の上に出させ、その脇に鋸を置き、通行人に挽《ひ》かせるのである。だが、次第に通行人で首を挽く者はいなくなり、実際の刑として成立しなくなった。しかしながら、形式的にはその風習は幕末まで残された。

鋸引と決まった死刑囚は、市中を引き回しとなり、その後、「穴晒箱」と呼ぶ首だけ出す箱の中に入れられ、日本橋南詰広場に二日間晒された。このとき、両肩に切り傷をつけ、その血を二本の竹鋸に塗りつけ、首の左右に置いておくのだそうだ。そして最後は、刑場において磔となったという。

## 武士の死罪には名誉ある切腹が科せられた

武士の死罪は庶民とは異なった。極刑にあたる罪を犯した武士は、切腹という措置を命じられる場合が多かった。切腹は、武士として名誉の死に方だとされたからだ。

腹の切り方は一文字や十文字など、いくつものバリエーションがあるが、一般的なのは、小刀を左脇下に突き立て、刃を右方向へグイッと引き回し、続いて心臓を貫き、柄頭《つかがしら》を持つ手の握りを変え、そのまま一気に臍まで切り下ろす。それでも絶命できなければ、自らの咽喉を刺し貫いて息を止めた。

時代がくだってくると、実際に腹を切らず、扇子や木刀を紙に巻いて小刀に見立て、それに手を伸ばしたとき、介錯人《かいしゃくにん》が首を打ち落とすようになった。これを俗に「扇子腹」などと呼んだ。

切腹は室内ではなく、庭先で執行された。伝馬町牢屋敷で切腹を命じられるさいは、牢屋敷の裏門に近い揚《あがり》座敷と百姓牢の間の空き地に切腹場が臨時につくられた。

左右と後方の三方に白木綿の幕が張り巡らされ、切腹場には砂が撒かれ、縁なしの畳二畳が置かれ、その上に白木綿でできた蒲団（大風呂敷）を敷いた。

検使与力、御徒目付、御小人目付が左右に分かれて座り、切腹する武士は麻の裃を身につけて白木綿の上に着座する。検使与力は、その武士の姓名と年齢を確認し、自分が検使役として出張した旨を相手に告げ、「用意はよろしいか」と問う。

「よい」と答えたなら、介添人が三方《さんぼう》に紙に包んで短刀に見立てた木刀や扇子を載せて、本人の正面三尺あまりのところに置く。

頃合いを見計らって武士は肩衣の前をはずし、衣服をくつろげ、短刀をとらんと前に左手をつき、右の手を伸ばす。いよいよ三方に右手が達しようとするその刹那、介錯人が刀を振りあげて首を斬るのである。

手慣れた介錯人は、あえて首の皮一枚だけを切り残す。首を斬り落としてしまうと、重みがとれて身体が後ろに倒れ、介錯人自身が血を浴びてしまうことがあるからだ。

皮一枚残せば、首が垂れ下がった重みで身体は前に倒れる。このとき介添人は素早く首を引き立て、同時に刀で残る皮を切断する。その後、介添人は首をつかんで顔の正面を検使役に向けた。遺体は、白木綿に包んで取り片付けられた。

## 罪の回数で文字が変化する入墨刑

最後によく時代劇に登場する入墨刑について紹介しよう。これは、窃盗犯に科される属刑にあたる。

江戸の場合、伝馬町牢屋敷の牢屋見廻り詰め所近くの砂利の上に筵《むしろ》が敷かれ、そこに犯罪者が引きすえられ、検使役として鍵役が詰め所縁側に着座し、本人の名前、年齢、入牢日などを確認したうえで、刑が執行される。

まずは対象者の左肌を脱がせ、そこに墨で文様を描き、その箇所に針を刺して皮膚を突き破り、墨を刷り込んで水洗いして墨が入ったかを確かめる。不十分な箇所には再び針を刺し、入墨を完成させる。最後は牢屋敷の責任者・石出帯刀《いしでたてわき》が確認、その後再度、入墨の箇所に黒々と墨を塗り、紙でまいて紙ヒモでしっかり結び、完全に乾いたところで本人を呼び出し、最終チェックをおこなった。

江戸の入墨刑は左腕の肘関節の下に二本線を入れた。大坂は肘より上に施した。

佐渡では「サ」という文字を入れたが、腕ではなく額に入れる地域もあった。たとえば御三家の紀州藩では、なんと額に「悪」という字を刻んだ。広島藩では、初犯だと額に

「一」と入れ、再犯すると「ノ」を足して「ナ」という形にし、三度目は「犬」という字にする。つまり、犬畜生にも劣るという意味だ。

# 第六章　「幕政改革と幕府の崩壊」

## 文治政治への移行

家康から家光までの幕政は、大名、宗教、朝廷など政権を危うくする可能性があるものを徹底的に抑えつける政治をおこなった。これを武断政治と呼ぶ。そうした方針を転換するきっかけになったのは一六五一年のことであった。同年四月に将軍家光が死去、次の将軍は十一歳の家綱であった。このため幕政は、叔父の保科正之《ほしなまさゆき》（会津藩主）や家光時代の老中だった松平信綱らの合議制へと切り替えられた。さらにその後は大老の酒井忠清《ただきよ》が政治を主導した。

この年、江戸の軍学者・由井《ゆい》（由比）正雪《しょうせつ》が幕府の転覆を企んだが未然に発覚し、駿府で追っ手に囲まれ自害した（慶安《けいあん》の変）。当時、武断政治によって多くの大名が改易され、ちまたには数十万人の牢人が生まれていた。正雪は倒幕に牢人たちの武力を動員しようと考えていたとされる。また、秩序におさまらず異様な姿で徒党を組む無頼の徒であるかぶき者が横行していた。かぶき者は現状に不満を持つ旗本・御家人や市井遊侠の者が多かった。

大名改易の理由の多くは、跡継ぎの不在だった。幕府は大名が死ぬまぎわに跡継ぎ（末期養子）を願い出るのを認めなかったのだ。しかし慶安の変後、大名が五十歳未満であれば末期養子の申し出を許可することにし、牢人の増加に歯止めをかけたのである。

一六六三年、成人した家綱は改めて武家諸法度（寛文令《かんぶん》）を出したが、同時に殉死の禁止を命じた。主君が死んだとき、側近も殉じる武士の風習を禁じたのだ。武士は主君個人ではなく、代々の家（主家）に仕える者であるという認識を徹底させるためだった。

翌一六六四年には領知宛行状を発し、大名たちに改めて将軍の権威というものを確認させた。一方で翌一六六五年には、大名が家臣の子弟を人質として幕府へ差し出す証人の制を廃止し、御手伝普請も軽減するようにした。

また、教学として君臣関係や社会秩序を重んじる朱子学を政治に取り入れ、制度・法令を整備していった。このように家綱時代、武力に頼る武断政治から儒教をもとに制度や法令を尊重し、徳をもって治める文治政治への転換をはかったのである。

将軍家綱が四十歳で亡くなると、弟の上野国館林藩主が五代将軍になった。徳川綱吉である。綱吉の治世初期は、大老の堀田正俊の補佐をうけ、勘定吟味役を設置したり、農政を重視して不正代官を粛正するなど善政をおこなった。これを天和《てんな》の治という。

一六八三年、綱吉は代替わりの武家諸法度（天和令）を出すが、第一条をこれまでの「文武弓馬の道、専ら相嗜むべき事」から「文武忠孝をはげまし、礼儀を正すべき事」と改めた。武士の主君に対する忠、父祖に対する孝、そして、礼儀による秩序、これらを最も大切なものと規定したのだ。儒学（朱子学）の思想が色濃く出ていて、文治主義の方針がはっきりわかる。

堀田正俊亡きあと、綱吉は側用人の柳沢吉保を重用しつつ、自ら政治をとるようになる。綱吉は朱子学者の木下順庵に学び、朱子学を幕府の学問（正学）とし、お抱え儒者の林信《のぶ》篤《あつ》（鳳岡《ほうこう》）に大学頭《だいがくのかみ》の官名を与え、林邸にあった孔子廟と私塾を湯島《ゆしま》へ移した。以後、孔子廟は湯島聖堂（大成殿《たいせいでん》）、私塾は聖堂学問所と呼ばれた。

綱吉といえば生類憐みの令が有名だが、これは一六八五年以降（異説あり）、断続的に出された極端な動物愛護令の総称である。とくに犬を大切にし、江戸の中野や大久保の広大な土地に犬屋敷をつくり、数多くの野良犬を保護し、その運営費を江戸の住人におしつけた。法令に抵触すると罰せられ、庶民は迷惑をこうむった。

ただ綱吉は捨て子を禁止したり、行き倒れ人の保護を命じるなど、儒教道徳に基づく政策を展開しており、生類憐みの令もそうした社会福祉政策の一環として考えられるようになっている。

儒教（朱子学）にもとづく文治政治（仁政）は、続く六代家宣・七代家継の代も新井白石によって踏襲されていった。

## 財政や治安の悪化による幕府の動揺

江戸時代は二百六十年以上も続いたので、さすがに百年近く経つと、さまざまな組織や制度にひずみが現れてくる。とくに悩まされたのが、財政の悪化だ。それが表面化するのが五代綱吉の元禄時代である。

この時期、幕府の財政は赤字に転落する。原因の一つは、佐渡の金山など鉱山からの金銀産出量の激減だ。貨幣を鋳造する原料が減ったのだから当然財政は苦しくなる。また、新田開発によって伸びていた年貢収入量も、この時期になると頭打ちになってきた。寺社造営費の増加も大きな問題だった。綱吉の生母・桂昌院の影響もあり、仏教を崇拝した綱吉は、上野の寛永寺根本中堂《かんえいじこんぽんちゅうどう》や音羽《おとわ》の護国寺《ごこくじ》の造営、東大寺大仏殿の再建など、壮麗な寺社をいくつも造営・修築した。日光東照宮や法隆寺などの大規模な修繕もおこなった。さらに、家綱時代に発生した明暦の大火（一六五七）後の復興費も膨大だった。このとき江戸城も燃えてしまい、経費節約のため天守は再建されなかった。

こうした状況に拍車をかけたのが、一七〇七年の富士山大噴火による降砂被害だ。このとき幕府は被災地の復興のため、「諸国高役金（国役金）」と称する税（石高百石につき二両を払う）を全国にかけざるを得なかった。

こうした財政難を解消するため、綱吉は勘定吟味役（のち勘定奉行）の荻原重秀《おぎわらしげひで》の提言を採用し、金の含有率を下げた元禄小判を発行、その出目（差益）で急場をしのいだ。

また十文の宝永《ほうえい》通宝（大銭）を鋳造したり、産出量が激増した銅の輸出を増やしたり、座に運上（営業税）をかけるなどして増収をはかった。この政策は間違っていなかったが、悪貨を流通させるべきではないと考えた新井白石は、将軍家宣に迫って重秀を罷免し、大銭の流通も禁止し、質を落とした元禄小判をやめ、慶長小判と同程度に高品質の正徳小判を発行した。だが期待したように物価は下がらず、再度の貨幣改鋳で経済は混乱した。

この時期、農村では階層分化が目立つようになる。有力な百姓（地主）は零細百姓や日雇い（日用《ひよう》稼ぎ）、年季奉公人などをやとって広い土地を耕作させたり、質流れで集めた土地を小作人に貸したりして富を蓄積するようになる。さらに彼らは村役人として村政も牛耳り、村内で工業や商業経営にも乗りだしていった。

いっぽう、貨幣経済に対応できなかったり、農業経営に失敗したりして土地を手放す本百姓も増え、小作人、年季奉公人、日雇いに転落していった。

江戸などの町方（都市）も変化する。貧しい百姓が出稼ぎのために多数流入したので、家持町人の割合が相対的に減り、安価な裏長屋（棟割長屋）に住み、棒手振や雑業に従事する零細な人びとが急増。生活が苦しいので犯罪に走る者もあり、町の治安が悪化していった。幕府の財政も相変わらず、火の車だった。

## 財政の再建を目的におこなわれた享保の改革

こうした状況に幕府は抜本的な改革を求められた。そんなときに御三家の紀州藩から将軍宗家を継いだのが、八代将軍吉宗であった。吉宗は、家康時代の復古をかかげながらさまざまな改革を長期間にわたっておこなった。世に言う享保の改革だ。

吉宗は側用人政治をやめて譜代大名を重視し、御用取次という職を新設、自分の意思を幕政に反映させた。続いて荻生徂徠《おぎゅうそらい》や室鳩巣《むろきゅうそう》ら儒者をブレーンとし、旗本の大岡忠相《おおおかただすけ》や名主の田中丘隅《たなかきゅうぐ》など有能な人物を抜擢した。吉宗は人材登用を容易にするため、足高《たしだか》の制をもうけた。役高（役職の基準石高）を定めた上で、任じられた者の家禄がそれより少ない場合、在職中だけ不足分の役料を給付する制度だ。いままで下級幕臣は、有能でも高い役職にはつけなかった。どうしても抜擢するためには、加増しか手がなかった。ただ、いったん禄を増やしたら、落ち度がない限り、子々孫々にわたって減らすことができない。つまり人材の登用にはたいへんな費用がかかったわけだが、足高の制で抜擢が容易になったのである。

吉宗の改革の狙いは財政の再建。そこで倹約令を出して支出をおさえ、即効性の効果を期待し、大名から石高一万石につき百石を臨時に献上させ、かわりに参勤交代の在府（江戸滞在）期間を半減した。この制度を上米と呼ぶが、米の献上量は年十八万七千石、幕府の年貢収入の一割以上に相当した。ただ、幕府の威信が低下するため、財政再建の目処が立った八年後に上米を廃止した。

永続的な増収策として吉宗は定免法《じょうめんほう》を採用した。これまで毎年の作柄を役人が検査して年貢率を決めていた（検見法）が、一定期間一定額の年貢を徴収すると定免法に変えたのだ。しかも税率は豊作時を基本に設定したので、年貢率は増徴となった。また、西日本の綿作は畑で栽培され、大きな利益を上げていたので、畑地からの年貢を増やした。

こうして幕領の石高は一割以上増加、年貢収入も増大して幕政は立ち直りを示した。

将軍吉宗は、不正役人の摘発や庶民の意見をきくため、評定所の門の腰掛けに目安箱（投書箱）をおいた。箱の鍵は将軍が持ち、よい建言は採用した。貧民対象の無料病院・小石川《こいしかわ》養生所の設置は、町医者の小川笙船《おがわしょうせん》が目安箱に投書したことによる。

## 商業重視の田沼政治から、倹約重視の寛政の改革へ

十代将軍家治の時代、これ以上、百姓に税を課し、増収をはかるのは難しくなった。

そこで老中の田沼意次は、商人の富を利用して財政を改善しようと方針を転換した。商人や職人たちを株仲間（同業者の組合）として積極的に公認。株仲間の原料の仕入れや販売の独占を認めるかわりに、運上や冥加といった営業税や売上税を徴収していったのだ。

また、特定の商人に銅座、真鍮座、朝鮮人参座などをつくらせ、これらを幕府の専売品として増収をはかった。

長崎貿易も、金銀の流出を心配して新井白石は貿易を制限したが、田沼は銅や俵物《たわらもの》（干し鮑《あわび》、フカヒレなど中華料理の食材を俵につめたもの）の輸出を増やし、金銀を輸入するとい

う発想の転換をした。

ただ、こうした価値観の転換は人々の反発を招き、役人の賄賂などが横行したこともあり、田沼政治は評判が悪く、天明の飢饉と将軍家治の死により、田沼は失脚してしまった。

一七八七年、江戸で天明の打ちこわしが発生、さらに大坂など三十余りの都市で米屋や富商を襲撃して米や商品を略奪する大暴動が起こった。とくに江戸では一時は無政府状態に陥るほどとなる。この打ちこわしに衝撃を受けた幕府内で改革の気運が生まれ、十一代将軍家斉のもとで老中松平定信（白河藩主《しらかわ》）の寛政《かんせい》の改革がスタートした。

定信は祖父・吉宗の政治を理想とし、天明の飢饉で大打撃をうけた農村を立て直し、財政基盤を回復しようと、都市への出稼ぎを制限したり公金を貸し付けたり、社倉や義倉に米穀をたくわえさせたりして飢饉への備えとさせた（囲米《かこいまい》）。また、町に住む農民出身者に資金を与えて帰村を奨励したり（旧里帰農令）、石川島《いしかわじま》に人足寄場《にんそくよせば》を設けて無宿人や軽犯罪者を強制的に収容、技術を身につけさせてまっとうな職につかせた。

また打ちこわしを防止するため、江戸の豪商十名を勘定所御用達として幕府に登用、物価の引き下げや米の買い占め禁止をおこなわせた。さらに、江戸の町費《ちょうひ》（町入用《まちにゅうよう》）の節約を命じ、節約分の七割を積み立てさせ、江戸町会所にこれを運用させ、米や金を備蓄しておき、飢饉や物価高騰のさいに放出する体制を整備した。

この時期、貨幣経済などに巻き込まれ、借金を重ねる幕臣が増えたので、札差（金融業者）に旗本・御家人の債務を放棄させて（棄捐令《きえんれい》）、その救済をはかった。

定信は風俗矯正のため、華美な服装を禁じ男女混浴を取り締まり、出版統制令を出して良俗にふさわしくない本や政治を風刺した書を弾圧した。そうしたこともあり、この改革は一時的に世の中を引き締め、幕府の権威を高めたが、厳しい統制や倹約令により、庶民の反発を招くことになった。

だが、定信が将軍家斉と対立して罷免されたことで、寛政の改革はわずか六年で終焉を迎えた。

## 人返しの法や上知令を発布、天保の改革

このあと、半世紀以上も十一代将軍家斉が政権を握った。これを文化《ぶんか》・文政《ぶんせい》時代というが、家斉は一八三七年に将軍職を息子の家慶に譲った後も、大御所として君臨した（大御所時代）。家斉は華美な生活を続け、財政が悪化すると貨幣の質を落とし、その差益（出目）で不足分を補う放漫政治を展開した。

そうしたなか一八三三年あたりから全国的な大凶作が数年間にわたって続く（天保の飢饉）。困窮者が世の中にあふれ、百姓一揆も激増。一八三七年には人々の救済を掲げ大坂町奉行所元与力で、陽明《ようめい》学者の大塩平八郎《おおしおへいはちろう》が反乱を起こした。乱は一日で平定されたものの、幕府の元役人が公然と武力で反抗したことは幕府や諸藩に衝撃を与えた。

老中の水野忠邦《みずのただくに》は、一八四一年に大御所の家斉が死ぬと、財政難と支配体制を揺るがす内憂外患に対応しようと、十二代将軍家慶のもとで天保の改革を開始する。

厳しい倹約令を発し、ぜいたく品や華美な衣服を禁じ、庶民の風俗も厳しく取り締まった。江戸の三座（歌舞伎小屋と呼ばれる劇場）を郊外の浅草へ強制的に移し、歌舞伎役者が町を歩くときは編み笠をかぶらせるなどあえて差別した。風俗を乱すとして人情本作家の為永春水《ためながしゅんすい》らも処罰した。

天保の飢饉で荒廃した農村の再建をはかるため、忠邦は百姓の出稼ぎを禁じ、江戸に流入した貧民の帰郷を強制する人返しの法（一八四三）を発布。これによって無宿や浪人は江戸から追われたが、結局、江戸近郊の農村にとどまったので、その地域に治安の悪化を引き起こすことになった。

忠邦は、物価が急騰している原因は、株仲間が独占的な販売をしているからだと考えた。

だから株仲間を解散させれば、商人たちが自由に商取引をするようになり、物価は下がると判断し、一八四一年、株仲間の解散を命じた。

しかし物価上昇は株仲間のせいではなく、大坂に集まる品物が減っていたからだった。農村や他の諸都市で品物の消費が増え、大坂へ向かう品々は途中で一部が買い取られてしまっていたのである。だから株仲間を禁止したことで、逆に流通システムが混乱してしまったのだ。

一八四三年、財政の安定や対外防備の強化を企図し、忠邦は江戸・大坂周辺の約五十万石の地を直轄地とする上知令《あげちれい》を発布した。じつは三年前の一八四〇年、幕府は海防を命じた川越《かわごえ》藩を支援するため、土地が豊かな庄内《しょうない》へ移封させることにした。このため、庄内藩を越後長岡《ながおか》に移し、越後長岡藩には川越への移転を申し渡した。これを三方領知替と呼ぶ。ところが、庄内藩で領民のすさまじい反対運動が起こり、結果、翌年、幕府は命令を取り消した。幕府がもはや転封さえ強制できぬほど、藩や領民の力は強くなっていたのだ。

上知令は、そのリベンジという意味もあったというが、この範囲に領地を持っていた譜代大名や旗本は、替え地に移ることで実質的な収入がダウンする。そこで大反対が起こった。忠邦派として積極的に改革に協力してきた老中の土井《どい》利位《としつら》（古河《こが》藩主）も反対に回った。こうして改革からわずか二年で水野忠邦は失脚してしまった。

## 幕府の権威の低下、倒幕の気運高まる

ペリーの要求に屈して開国した老中の阿部正弘は、列強に対抗できる軍事力の創出を目指して幕政改革（安政《あんせい》の改革）を断行する。

列強の艦隊から江戸を守るため品川沖に台場（砲台）の建造を開始。さらに諸大名に禁じていた大船建造を許可。蒸気船をオランダに発注するとともに、長崎に海軍伝習所《かいぐんでんしゅうじょ》をつくってオランダの海軍士官を招き、幕臣や他藩士に蒸気船の操縦や洋式海軍の戦い方を学ばせた。

また、江戸築地《つきじ》に講武所《こうぶしょ》をつくり、刀槍にくわえ、幕臣たちに砲術や洋式兵術を訓練させた。江戸に蕃書調所《ばんしょしらべしょ》を設置、洋書の研究や外交文書の翻訳をおこない、幕臣に洋学を教授させた。幕府はまた、大久保《おおくぼ》一翁《いちおう》や勝海舟《かつかいしゅう》など下級幕臣から有能な人材を登用するとともに、前水戸藩主（親藩で御三家）徳川斉昭を幕政に参加させ、越前藩主（親藩）の松平慶《よし》永《なが》、宇和島《うわじま》藩主（外様）の伊達宗城《むねなり》など雄藩（勢力の雄大な藩）の藩主に協力を求め、挙国一致で危機を乗り切ろうとした。

阿部の死後、政権を握った大老の井伊直弼は、将軍家定の後継者問題について、紀伊藩主の徳川慶福を後嗣にするなど強権を発動し、開国主義を標榜して勅許なしで諸外国と通商条約を結び、これに反対する攘夷派の武士や公家を次々と処罰していった。世に言う安政の大獄である。

この大弾圧に対し、一八六〇年三月三日、十数名の水戸の脱藩浪士が江戸城の桜田門外で井伊の行列を待ち受けて殺害。白昼に大老が暗殺されたことで幕府の権威は失墜した。そこで老中の安藤信正《あんどうのぶまさ》と久世広周《くぜひろちか》は政治方針を転換、公武合体運動を進めていった。朝廷（公）と幕府（武）が協調し、政局を安定させようとしたのだ。具体的には一八六二年に和宮《かずのみや》（孝明天皇の妹）を十四代将軍徳川家茂の御台所（正室）に迎えることにした。すると、政略結婚に激怒した水戸浪士が江戸城の坂下門外で安藤を襲い（坂下門外の変《さかしたもんがい》）、安藤は失脚してしまった。

この頃から朝廷は攘夷派に牛耳られ、盛んに幕府に攘夷決行を求めるようになった、いっぽう前述のとおり、薩摩の島津久光が江戸に来て幕政改革を要求。幕閣はそれを受け入れ、文久《ぶんきゅう》の改革がおこなわれた。人事が一新され、安政の大獄で失脚した大名たちが復権し、幕政の中心となった。政事総裁職に松平慶永、将軍後見職に一橋慶喜、そして京都の治安を守る京都守護職には松平容保《かたもり》（会津藩主）が就いた。このとき参勤交代が緩和されたのは、すでに述べたとおりである。また、将軍の直属軍に西洋式軍制を採用し、歩兵・騎兵・砲兵の三兵が置かれた。

一八六三年、公武合体派の薩摩と会津は、朝廷を牛耳っていた急進的な公家や長州藩士たちを追放した（八月十八日の政変）。怒った長州藩は翌一八六四年に大挙して上洛、薩摩・会津など親幕府勢力と武力衝突し、敗れて撤退した（禁門の変）。朝廷は長州を朝敵に認定、これを機に幕府は諸藩を動員して第一次長州征討をおこなった。ただ、長州藩が恭順の意を示したため、戦争せずに撤収した。

しかし長州藩では革新派政権が成立し、幕府の領地削減命令に従おうとしない。そこで幕府は一八六六年六月、諸藩を動員して大軍で第二次長州征討に向かい、今度は本格的な武力衝突に発展した。だが、すでに薩長同盟が成立しており、薩摩藩は長州征討に反対し、参加しなかった。広島藩や佐賀藩など、大藩のなかにも不参加を表明する藩が現れ、幕府の征討軍は洋式武装した長州軍に各地で敗北した。

このため幕府は、将軍家茂が大坂城で死去したのを口実に戦闘を停止して長州から兵を引いてしまった。ただ幕府の敗北は明らかだったので、倒幕運動が高まった。

家茂が没したあと、徳川（一橋）慶喜が十五代将軍となり、フランス公使ロッシュの助力を得て幕政改革（慶応の改革）を断行した。

### 幕府強化構想を練り上げるも、崩壊は止められず

慶喜はすべての旗本を遊撃隊と称する銃隊に編成し、幕臣に対し知行高に応じて莫大な金銭の供出を命じ、その金で傭兵を雇い一万数千人の近代的歩兵軍を創出した。

すでに一八六五年から幕府はフランスの技師や教師を招いて横須賀《よこすか》造船所や横浜仏語伝習所が開設したが、慶喜はフランス軍事顧問団の派遣をロッシュに依頼した。かくして一八六七年、ブリュネらフランス人士官らが来日、一年近くにわたり徹底的な洋式歩兵訓練がなされた。ちなみにその主力は、幕府瓦解後、歩兵奉行大鳥圭介《おおとりけいすけ》に率いられて江戸から脱走、北関東から東北、さらには箱館へわたって戦い抜き、五稜郭が陥落したことで武装解除した。

慶喜は政治組織も大きく改めた。老中たちの合議制によって幕政が運営されてきたが、これを現代の内閣制度に近いかたちにかえた。将軍慶喜が政治の頂点に立ち、老中首座に板倉勝静《かつきよ》を抜擢して官房長官のごとく政治を補佐させ、さらに国内事務総裁、外国事務総

裁、会計総裁、海軍総裁、陸軍総裁を置くなどして、政務の分掌システムをもうけた。

また、洋行帰りの幕臣・西周《にしあまね》や津田真道《つだまさみち》などに、新しい政治体制の構想を命じている。西周の『議題草案』と称する意見書で提案した政治制度は、そのうちの一つだ。大君と称する宰相が頂点に立って公府（内閣）と議政院（国会）を握る官制になっている。田中彰氏（『幕末維新史の研究』吉川弘文館）によれば、公府は大坂に置かれ、全国事務府、外国事務府、国益事務府、度支事務府、寺社事務府、学政事務府の六府（省）に分かれ、行政権だけでなく司法権も握るようになっていたとする。また、議政院（国会）は上院と下院にわかれ、上院は大名で構成されるが、下院は各藩主が人望のある人物を選んで議員に任じることとした。大君は公府のリーダーとして政治を動かすとともに、上院の議長をつとめ、下院を解散させる権限を有していた。

ただ、諸藩の存在はそのまま認めており、かならずしも欧米のような近代的統一国家を目指した制度とはいえなかった。ちなみに天皇の地位だが、山城国を一国与えられたものの、政治面には強く関与できないような配慮がなされており、現代の象徴天皇制のようなお飾り的な立場に置かれた。

慶喜はフランス政府と六百万ドルの借款契約を結んだとされる。当時としては膨大な借財で、この金が軍事改革に使われ武器・弾薬・艦船などが大量に購入されたという説もある。

ロッシュは幕府に、年貢以外からの収入を増やすように勧告、具体的には不動産税、営業税、さらには酒や煙草、茶や生糸などに対する物品税の創設を説いた。

さらに、大坂の鴻池など日本を代表する豪商数名とフランスの巨大資本の提携による交易組織を立ち上げ、この組織に兵庫における貿易を独占させようと計画した。これもロッシュの提案を受けたもので、フランス政府が対日貿易の独占をもくろんだものだといえた。一説によれば、フランス政府と借款契約を結んださい、慶喜は蝦夷地、あるいは九州をフランスに委ねる約束をしたとも伝えられ、慶応の改革は、近代的統一国家構築の可能性だけでなく、フランスによる植民地化の可能性も招来するものだった。

いずれにせよ、幕政改革による幕府強化構想は、倒幕運動の高まりによって中断に追い込まれ、一八六七年十月、慶喜は土佐藩の提案を受け入れて大政奉還（政権の返還）を決意、朝廷に申し入れた。こうして江戸幕府は終焉を迎えたのである。

# 〈江戸幕府の組織図〉

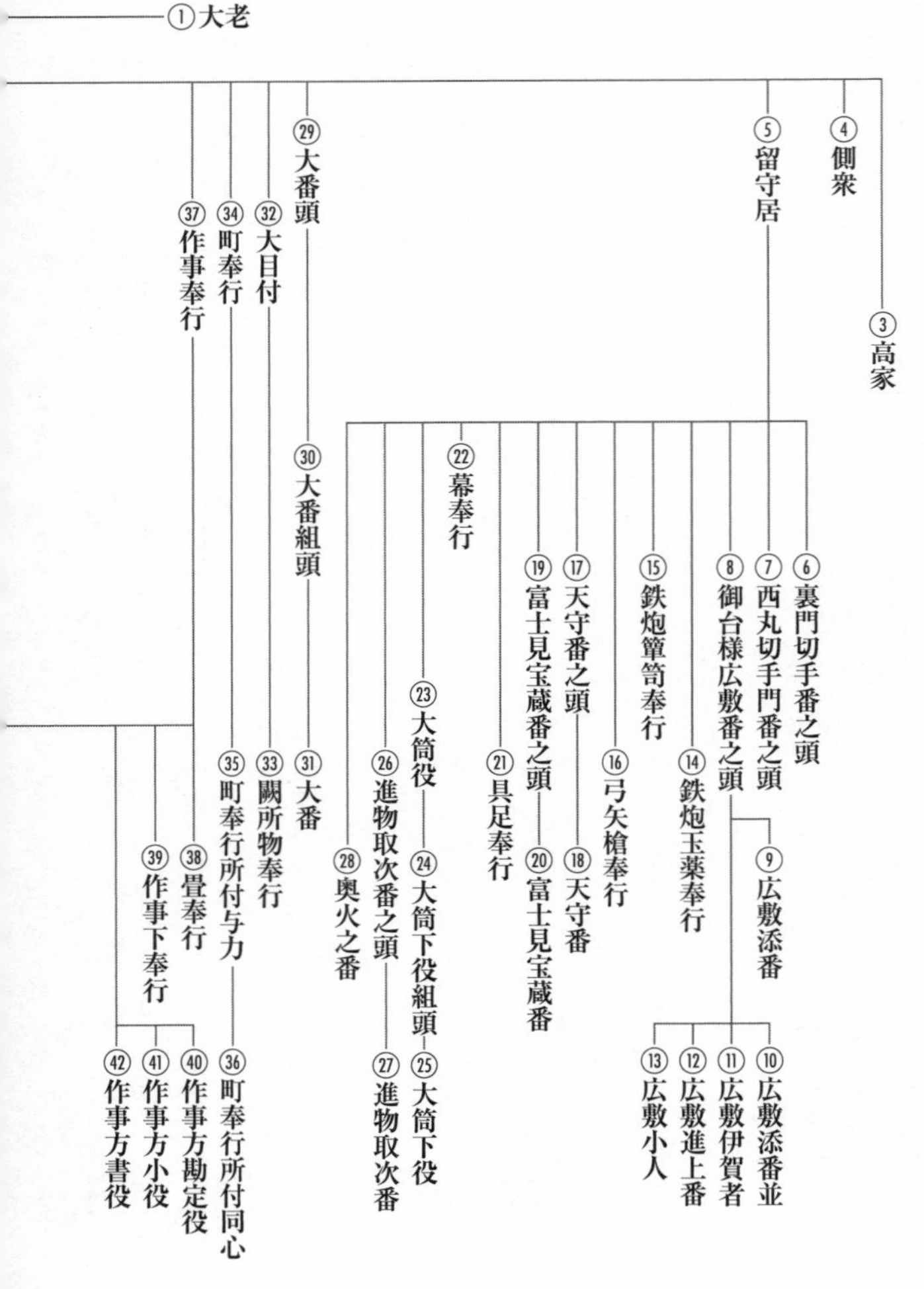


※参考図書『図説江戸１　江戸城と将軍の暮らし』(学研)

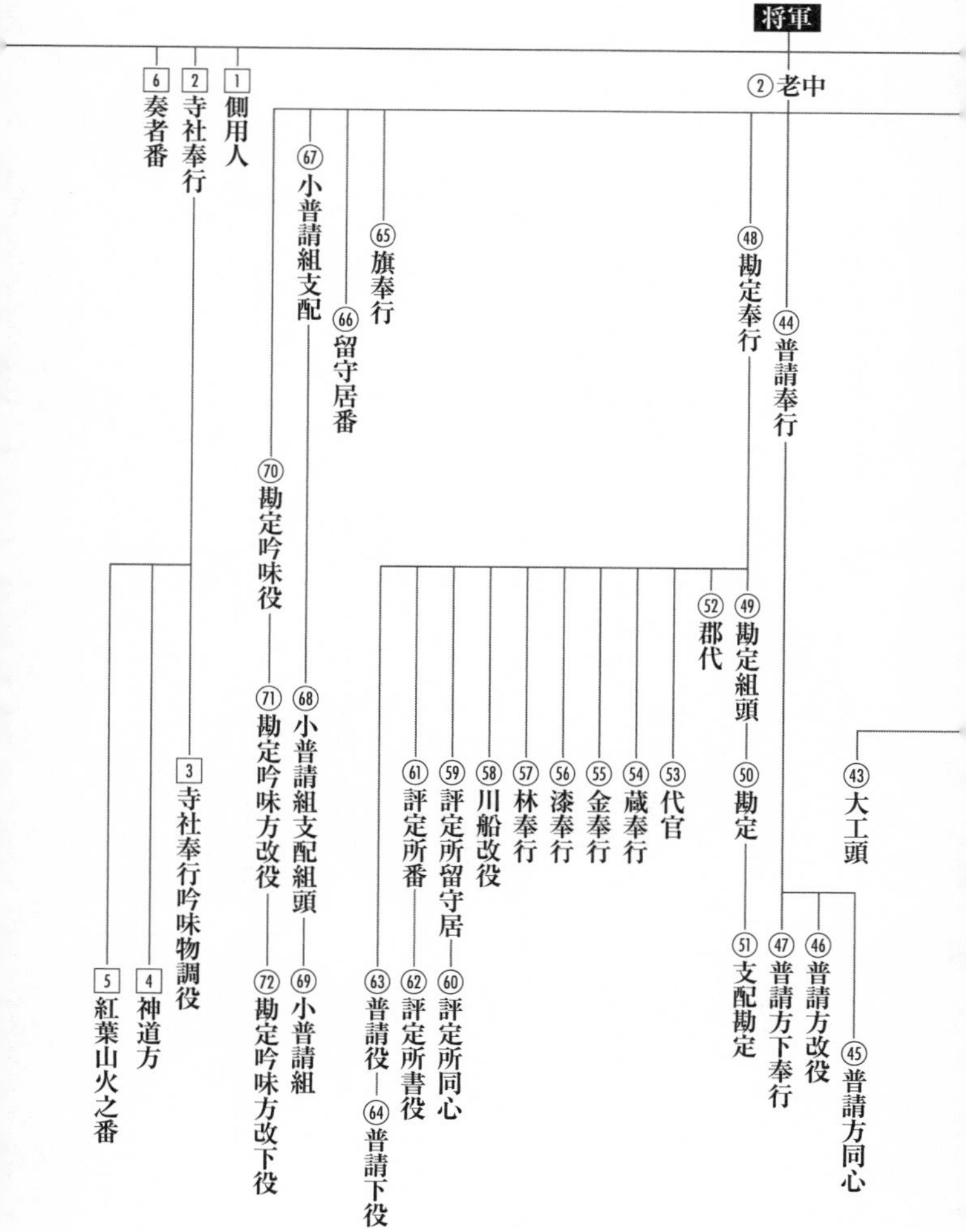
将軍
②老中
44 普請奉行
43 大工頭
45 普請方同心
46 普請方改役
47 普請方下奉行
48 勘定奉行
49 勘定組頭
50 勘定
51 支配勘定
52 郡代
53 代官
54 蔵奉行
55 金奉行
56 漆奉行
57 林奉行
58 川船改役
59 評定所留守居
60 評定所同心
61 評定所番
62 評定所書役
63 普請役
64 普請下役
65 旗奉行
66 留守居番
67 小普請組支配
68 小普請組支配組頭
69 小普請組
70 勘定吟味役
71 勘定吟味方改役
72 勘定吟味方改下役
1 側用人
2 寺社奉行
3 寺社奉行吟味物調役
4 神道方
5 紅葉山火之番
6 奏者番

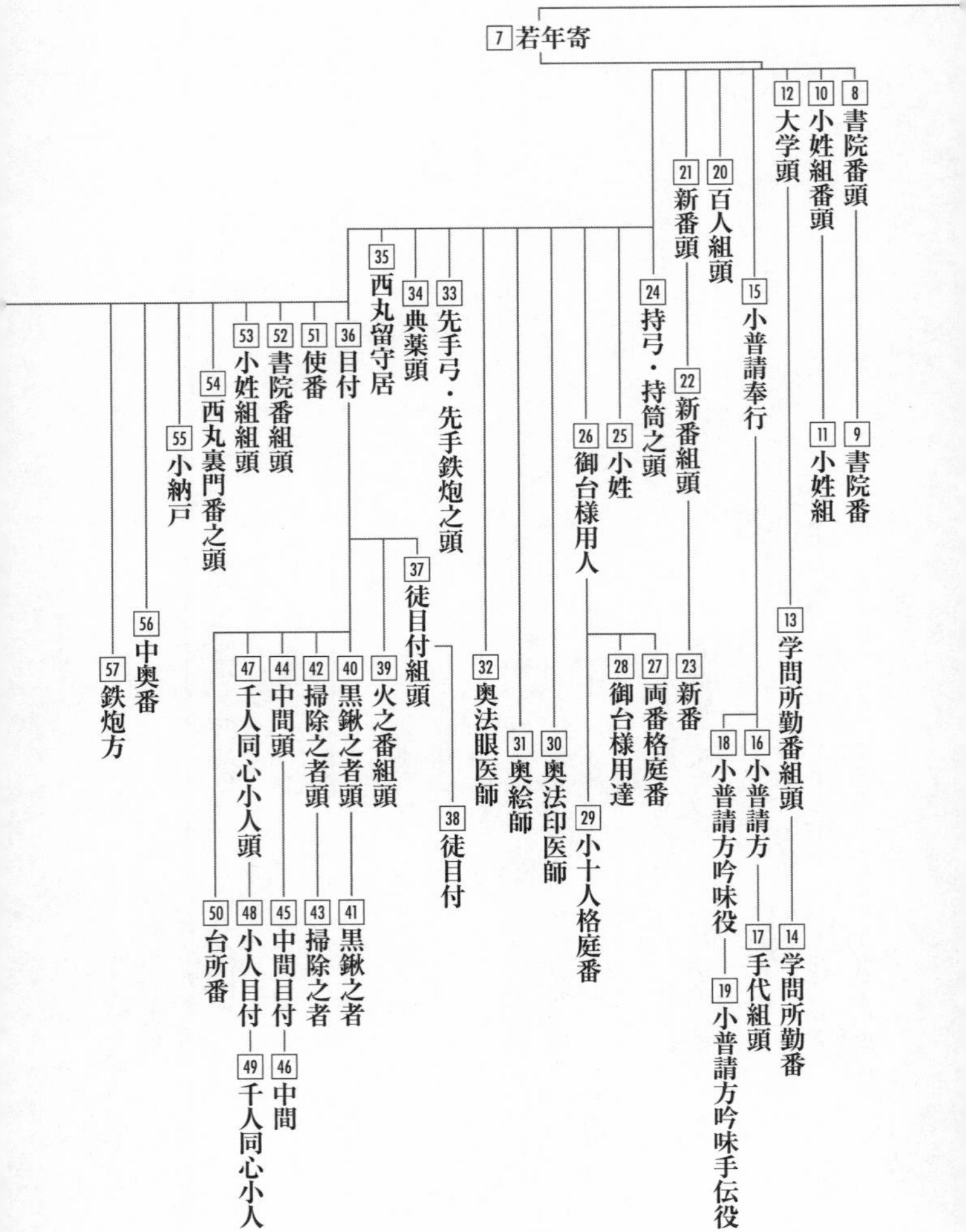
7 若年寄
8 書院番頭
9 書院番
10 小姓組番頭
11 小姓組
12 大学頭
13 学問所勤番組頭
14 学問所勤番
15 小普請奉行
16 小普請方
17 手代組頭
18 小普請方吟味役
19 小普請方吟味手伝役
20 百人組頭
21 新番頭
22 新番組頭
23 新番
24 持弓・持筒之頭
25 小姓
26 御台様用人
27 両番格庭番
28 御台様用達
29 小十人格庭番
30 奥法印医師
31 奥絵師
32 奥法眼医師
33 先手弓・先手鉄炮之頭
34 典薬頭
35 西丸留守居
36 目付
37 徒目付組頭
38 徒目付
39 火之番組頭
40 黒鍬之者頭
41 黒鍬之者
42 掃除之者頭
43 掃除之者
44 中間頭
45 中間目付
46 中間
47 千人同心小人頭
48 小人目付
49 千人同心小人
50 台所番
51 使番
52 書院番組頭
53 小姓組組頭
54 西丸裏門番之頭
55 小納戸
56 中奥番
57 鉄炮方

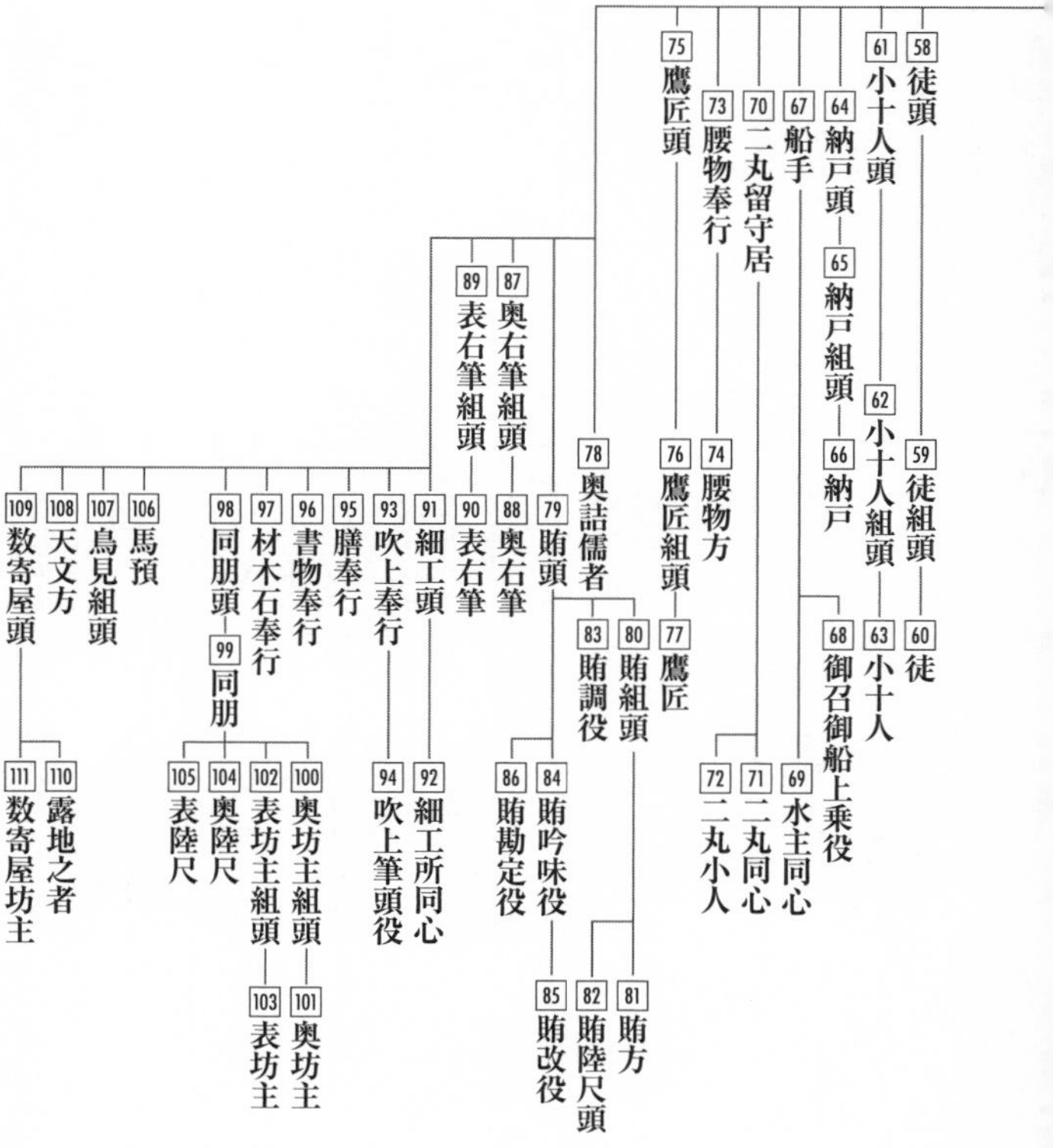
58 徒頭
59 徒組頭
60 徒
61 小十人頭
62 小十人組頭
63 小十人
64 納戸頭
65 納戸組頭
66 納戸
67 船手
68 御召御船上乗役
69 水主同心
70 二丸留守居
71 二丸同心
72 二丸小人
73 腰物奉行
74 腰物方
75 鷹匠頭
76 鷹匠組頭
77 鷹匠
78 奥詰儒者
79 賄頭
80 賄組頭
81 賄方
82 賄陸尺頭
83 賄調役
84 賄吟味役
85 賄改役
86 賄勘定役
87 奥右筆組頭
88 奥右筆
89 表右筆組頭
90 表右筆
91 細工頭
92 細工所同心
93 吹上奉行
94 吹上筆頭役
95 膳奉行
96 書物奉行
97 材木石奉行
98 同朋頭
99 同朋
100 奥坊主組頭
101 奥坊主
102 表坊主組頭
103 表坊主
104 奥陸尺
105 表陸尺
106 馬預
107 鳥見組頭
108 天文方
109 数寄屋頭
110 露地之者
111 数寄屋坊主

## 〈江戸幕府の主な役職〉

○は老中支配を、□はそれ以外の役職を示す

①**大老《たいろう》**　幕府の最高職で定員は一名。常置ではない。井伊直弼《いいなおすけ》などが就任。

②**老中《ろうじゅう》**　幕府の政務を総括する職。譜代大名から選ばれ、定員は四～五名。

③**高家《こうけ》**　幕府の儀式・典礼をつかさどる。勅使や公家の接待を担当。名族が就く職。吉良《きら》氏が有名。

④**側衆《そばしゅう》**　老中と将軍の間を取り次ぐ職。定員は五名程度。立場上、権威ある職。

⑤**留守居《るすい》**　江戸城留守警備、大奥取り締まり、女性の手形発行等などを扱う。

⑥**裏門切手番之頭《うらもんきってばんのかしら》**　江戸城裏門を守備するとともに人の出入りを検査する職。定員六名。

⑦**西丸切手門番之頭《にしのまるきってもんばんのかしら》**　江戸城西の丸の裏門を守備するとともに人の出入りを検査する職。

⑧**御台様広敷番之頭《みだいさまひろしきばんのかしら》**　大奥の警備・監視の最高責任者。大奥出入りの人・物品検査を統括。

⑨**広敷添番《ひろしきそえばん》**　御台様広敷番之頭の属僚として大奥出入りの人や物を検査する職。

⑩**広敷添番並《ひろしきそえばんなみ》**　大奥に出入りする人や物を検査する。五十俵高持扶持。

⑪**広敷伊賀者《ひろしきいがもの》**　広敷と御殿向の間にある御錠口《おじょうぐち》などの警備を担当。

⑫**広敷進上番《ひろしきしんじょうばん》**　御台様広敷番之頭の属僚で、大奥警備や監察を担当。三十俵三人扶持。

⑬**広敷小人《ひろしきこびと》**　御台様広敷番之頭の属僚。大奥の警備や監察を担当する職。

⑭**鉄炮玉薬奉行《てっぽうたまぐすりぶぎょう》**　主に鉄砲などに使用する火薬の製造と管理を担当。定員は二名。

⑮**鉄炮箪笥奉行《てっぽうたんすぶぎょう》**　幕府の鉄砲製造や修理、保管・管理にあたる職。定員二名。

⑯**弓矢槍奉行《ゆみややりぶぎょう》**　幕府の弓矢と槍に関する一切をつかさどる職。

※参考図書『図説江戸１　江戸城と将軍の暮らし』（学研）

⑰天守番之頭《てんしゅばんのかしら》　江戸城天守を守備する天守番を統括する職。
⑱天守番《てんしゅばん》　江戸城天守の守備を担当する職。
⑲富士見宝蔵番之頭《ふじみほうぞうばんのかしら》　富士見宝蔵を警備する富士見宝蔵番を統括する職。定員は四名。
⑳富士見宝蔵番《ふじみほうぞうばん》　将軍家の宝物が保管されている富士見宝蔵を警備する職。
㉑具足奉行《ぐそくぶぎょう》　幕府の甲冑に関する一切をつかさどる職。
㉒幕奉行《まくぶぎょう》　戦時の陣幕を担当し、平時は陣幕の保管をおこなう職。定員二名。
㉓大筒役《おおづつやく》　砲術の指導、鉄砲場の管理などが主な職務。
㉔大筒下役組頭《おおづつしたやくくみがしら》　大筒役の次席として大筒下役を指図する職。
㉕大筒下役《おおづつしたやく》　大筒役に属して鉄砲場の管理などを担当する職。
㉖進物取次番之頭《しんもつとりつぎばんのかしら》　下賜品や献上品などを取り扱う進物取次番を統括する職。定員三名。
㉗進物取次番《しんもつとりつぎばん》　献上進物を受け取り、主にそれを廻送する職。
㉘奥火《おくひ》之《の》番《ばん》　主に大奥の火の番を担当する職で、定員は三十一名。
㉙大番頭《おおばんがしら》　将軍の直轄軍たる大番組を統括する職。大番は全部で十二組ある。
㉚大番組頭《おおばんぐみがしら》　大番頭の次席。大番頭のもとに四名の大番組頭が配置される。
㉛大番《おおばん》　将軍の直轄軍の一員。戦時は先鋒となる。平時は江戸城警備を担当。
㉜大目《おおめ》付《つけ》　大名の動向を監視し、その政治を監察する。定員は四～五名。
㉝闕所物奉行《けっしょものぶぎょう》　闕所(罪人から財産などを没収すること)となった品物を売却などによって処分する職。
㉞町奉行《まちぶぎょう》　江戸市中の司法・行政をつかさどり警察を管轄する職。定員二名。月番で交代。
㉟町奉行所付《まちぶぎょうしょづき》与力《よりき》　町奉行の属僚。南北町奉行

にそれぞれ二十五騎配置される。
㊱町奉行所付同心《まちぶぎょうしょづきどうしん》　町奉行に属し、江戸の治安維持や事件捜査を担当。三十俵二人扶持。
㊲作事《さくじ》奉行《ぶぎょう》　江戸城外郭・見付などの修繕を担当。一名は切支丹宗門改《きりしたんしゅうもんあらため》を兼任する。
㊳畳奉行《たたみぶぎょう》　作事奉行の属僚として、幕府に関する畳をつかさどる職。定員三名。
㊴作事《さくじ》下奉行《したぶぎょう》　作事奉行の属僚として、作事方に指図する職。
㊵作事方勘定役《さくじかたかんじょうやく》　江戸城外郭・見付などの造営・修繕をおこなう作事方の会計役。
㊶作事《さくじ》方小《かたこ》役《やく》　作事奉行に属して江戸城外郭・見付などの造営・修繕にあたる。
㊷作事《さくじ》方書役《かたかきやく》　作事奉行に属して、作事方の事務などを担当する役。
㊸大工頭《だいくがしら》　作事奉行の属僚として、普請関係の大工を統括する職。
㊹普《ふ》請奉行《しんぶぎょう》　江戸城の堀、橋、石垣、神田上水などの土木工事を担当。
㊺普《ふ》請方同心《しんかたどうしん》　江戸城の堀、橋、石垣、神田上水などの土木工事を担当。
㊻普請方改役《ふしんかたあらためやく》　普請奉行に属して、土木工事をおこなう普請方を監査する。
㊼普《ふ》請方下奉行《しんかたしたぶぎょう》　普請奉行の属僚で、江戸城の堀、橋、石垣などの土木工事を担当。
㊽勘定奉行《かんじょうぶぎょう》　幕領の租税を徴収し、幕府財政を管理する職。幕領の訴訟も担当。定員四名。
㊾勘定組頭《かんじょうくみがしら》　勘定奉行直属の部下として租税徴収や財政運営を行う。定員十二名。
㊿勘定《かんじょう》　勘定組頭の次席。定員は十二名だったが、幕末には二百五十人に膨張。
(51)支配勘定《しはいかんじょう》　勘定奉行に属し、勘定の次席として財政事務を担当。役高百俵。
(52)郡代《ぐんだい》　勘定奉行の配下にあって幕領の民政を担当。代官より広域を支配。
(53)代官《だいかん》　幕領の租税徴収および民政を担当。最初七十名いたが次第に減少。
㊹蔵奉行《くらぶぎょう》　幕府の米穀の出納を担当する職。
㊺金奉行《かねぶぎょう》　幕府の金庫（金蔵）の管理・出納をつかさどる職。定員は四～七名。
㊻漆奉行《うるしぶぎょう》　漆の収納、社寺の什器をあつかい、灯油の支給もその職務。
㊼林奉行《はやしぶぎょう》　幕領の森林を管理・保護する職。
㊽川船改役《かわふねあらためやく》　関東一帯の川船の極印《ごくいん》を検査し、船主から徴税する職。
㊾評定所留守居《ひょうじょうしょるすい》　勘定奉行の配下にあって評定所を守衛する職。のち評定所番と改称。
㊿評定所同心《ひょうじょうしょどうしん》　評定所において訴訟に関する仕事にたずさわる職。
(61)評定所番《ひょうじょうしょばん》　評定所を守備する役。はじめ評定所留守居と称した。
(62)評定所書役《ひょうじょうしょかきやく》　評定所の訴訟書類の整理にあたる職。
(63)普請役《ふしんやく》　勘定奉行の属僚で、ときには隠密の働きをおこなうこともある。
(64)普請下役《ふしんしたやく》　勘定奉行の属僚。普請役の格下。
(65)旗奉行《はたぶぎょう》　幕府の馬標《うまじるし》や軍旗などをつかさどる。定員は二名。
(66)留守居番《るすいばん》　老中の配下にあって、大奥の警備や庶務にあたる職。
(67)小普請組支配《こぶしんぐみしはい》　旗本・御家人のなかで無役の者を統括する職。
(68)小普請組支配組頭《こぶしんぐみしはいくみがしら》　小普請組支配に属して、小普請組への集金・伝達などにあたる。
(69)小普請組《こぶしんぐみ》　三千石以下の旗本、御家人のうち、非役の者でつくる組織。
(70)勘定吟味役《かんじょうぎんみやく》　勘定奉行の仕事を監査。役高五百石。役料三百俵。定員六名。
(71)勘定吟味方改役《かんじょうぎんみかたあらためやく》　勘定吟味役に直属し、勘定奉行勝手方の監査を分掌して不正を摘発。
(72)勘定吟味方改下役《かんじょうぎんみかたあらためしたやく》　勘定吟味方改役の次席として、主に勘定奉行の監査事務を担当。

1 **側用人**《そばようにん》　将軍の側近で、その命を老中に伝達する役。立場上強大な権限をもつ。定員一名。

2 **寺社奉行**《じしゃぶぎょう》　全国の寺社、およびその領地を管理し、宗教統制策をつかさどる職。

3 **寺社奉行吟味物調役**《じしゃぶぎょうぎんみものしらべやく》　寺社奉行に属して、全国の寺社地の管理や宗教政策を担当する職。

4 **神道方**《しんとうかた》　寺社奉行に属し、神道に関する有職故実の調査。役料百俵。

5 **紅葉山火之番**《もみじやまひのばん》　将軍の御霊屋《おたまや》（霊廟）や書庫のある紅葉山《もみじやま》の火災警戒を担当する職。

6 **奏者番**《そうじゃばん》　大名・旗本が将軍に拝謁する際、その官位・姓名を将軍に披露する。

7 **若年寄**《わかどしより》　老中の補佐役。譜代大名より選ばれ、定員は三～五名。月番制。

8 **書院番頭**《しょいんばんがしら》　将軍の親衛隊たる書院番組を統括。書院番は全部で十組ある。

9 **書院番**《しょいんばん》　将軍の直轄親衛隊の一員。大番より将軍の近くにいて警護を担当。

10 **小姓組番頭**《こしょうぐみばんがしら》　将軍外出のさい御輿を警護する小姓組を統括する職。小姓組は八組ある。

11 **小姓組**《こしょうぐみ》　平時は紅葉間に待機し、将軍外出のさい、御輿の警護を担当。

12 **大学頭**《だいがくのかみ》　幕府の文教政策の最高責任者。幕府の学問所を総括。林家の世襲職。

13 **学問所勤番組頭**《がくもんじょきんばんくみがしら》　昌平坂《しょうへいざか》学問所の事務を担当する学問所勤番を統括する職。

14 **学問所勤番**《がくもんじょきんばん》　昌平坂学問所のすべての事務をつかさどる職。

15 **小普請奉行**《こぶしんぶぎょう》　江戸城や寛永寺《かんえいじ》、増上寺《ぞうじょうじ》等の修繕。作事・普請奉行より中小の工事を担当。

16 **小普請方**《こぶしんかた》　小普請奉行の属僚として、大奥や紅葉山将軍廟などの営繕を担当。

17 **手代組頭**《てだいくみがしら》　小普請方の属僚として、大奥や紅葉山の将軍廟などの営繕を行う。

18 **小普請方吟味役**《こぶしんかたぎんみやく》　小普請奉行の属僚。

19 **小普請方吟味手伝役**《こぶしんかたぎんみてつだいやく》　小普請奉行の配下にあ

り、小普請方吟味役の属僚。

20 **百人組頭**《ひゃくにんぐみかしら》　幕府の鉄砲隊四組を統括する職。百人組は、平時は大手三ノ門詰。

21 **新番頭**《しんばんがしら》　将軍の直属軍たる新番組を統括する。新番は全部で六組よりなる。

22 **新番組頭**《しんばんくみがしら》　新番頭に属し、新番士二十名を率いて平時は警護役をつとめる。

23 **新番**《しんばん》　将軍直轄軍の一員。大番組などに加えて新しく設置された。書院番・小姓組番と職務は同じ。

24 **持弓**《もちゆみ》**・持筒之頭**《もちづつのかしら》　幕府の弓隊、鉄砲隊を統括し、将軍を警護する職。

25 **小姓**《こしょう》　将軍に常時近侍してさまざまな世話をつとめる職。

26 **御台様用人**《みだいさまようにん》　大奥に勤める男性役人の最高責任者。大奥事務を総括する。

27 **両番格庭番**《りょうばんかくにわばん》　御庭番の一つで、幕府の隠密・密偵をつとめる職。

28 **御台様用達**《みだいさまようたし》　御台様用人の命をうけ、大奥の調度類の購入を担当する職。

29 **小十人格庭番**《こじゅうにんかくにわばん》　御庭番の一つで、幕府の隠密・密偵をつとめる。

30 **奥法印医師**《おくほういんいし》　法印の僧位をもつ幕府の医師。

31 **奥絵師**《おくえし》　幕府のお抱え絵師。狩野《かのう》家が代々世襲。二百十五石を賜り旗本待遇。

32 **奥法眼医師**《おくほうげんいし》　法印に次ぐ法眼の僧位をもつ幕府の医師。

33 **先手弓**《さきてゆみ》**・先手鉄炮之頭**《さきててっぽうのかしら》　幕府の弓隊八組、鉄砲隊二十組を統括する職。

34 **典薬頭**《てんやくのかみ》　奥医師のリーダーで将軍家の医療を司る。半井《なからい》・今大路《いまおおじ》家の世襲。

35 **西丸留守居**《にしのまるるすい》　江戸城西の丸の留守居役で、西の丸の総責任者。

36 **目付**《めつけ》　旗本・御家人の監察や江戸城中での秩序・礼式の維持を担当。

37 **徒目付組頭**《かちめつけくみがしら》　目付の属僚で徒目付を統括する

職。

38 **徒目付**《かちめつけ》　目付のもとで密偵に従事したり警備を担当する職。

39 **火之番組頭**《ひのばんくみがしら》　目付の属僚で、江戸城内の火の番にあたる職。

40 **黒鍬之者頭**《くろくわのものがしら》　江戸城内の雑務・雑用にたずさわる黒鍬之者のリーダー。

41 **黒鍬之者**《くろくわのもの》　荷物の運送、交通整理、将軍の草履取りなど城中の雑務・雑用を担当。

42 **掃除之者頭**《そうじのものがしら》　江戸城内の清掃など雑務を担当する掃除之者のリーダー。

43 **掃除之者**《そうじのもの》　江戸城内の清掃など、雑務・雑用を担当する役職。

44 **中間頭**《ちゅうげんがしら》　将軍直属で、中間を統括する職。

45 **中間目付**《ちゅうげんめつけ》　中間の職務を監察する職。

46 **中間**《ちゅうげん》　武家の奉公人で、雑役に従事する職。

47 **千人同心小人頭**《せんにんどうしんこびとがしら》　甲州口の抑えや日光の火の番を職務とする小人のリーダー。

48 **小人目付**《こびとめつけ》　小人頭の属僚。武田家の遺臣出身者が多い。

49 **千人同心小人**《せんにんどうしんこびと》　小人頭に属して甲州口の警備や日光の火の番などにあたる。

50 **台所番**《だいどころばん》　台所の設備関係を担当。身分は不問。役高二十俵。役料二人扶持。

51 **使番**《つかいばん》　陣中において伝令斥候《せっこう》を担当。平時は上使や巡見使、目付が任務。

52 **書院番組頭**《しょいんばんくみがしら》　書院番頭に属して書院番士五十名、与力十騎、同心二十名からなる組を統括。

53 **小姓組組頭**《こしょうぐみくみがしら》　小姓組番頭に属し、小姓番五十名を率いて将軍外出時の警護を担当。

54 **西丸裏門番之頭**《にしのまるうらもんばんのかしら》　江戸城西の丸の裏門を守護する西丸裏門番の統括。

55 **小納戸**《こなんど》　将軍の日常生活すべてについて奉仕。将軍の洗顔や毒味役も仕事。

56 **中奥番**《なかおくばん》　儀式時、小姓の指示で献上品の伝達など雑務を担当。普段は警護役。

57 **鉄炮方《てっぽうかた》**　鉄砲の製作や修理、保存、鉄砲術の指導。時には盗賊逮捕も。

58 **徒頭《かちがしら》**　将軍外出のさい、行列に先行して道路の警護をつとめる徒を統括。

59 **徒組頭《かちぐみがしら》**　徒頭に属して徒を配下におき、将軍外出時の道路警備を担当する職。

60 **徒《かち》**　将軍の外出時、行列に先行して道路の警備を担当する職。

61 **小十人頭《こじゅうにんがしら》**　将軍の御輿を徒で警護する小十人を統括。小十人組は幕末で二十組。

62 **小十人組頭《こじゅうにんくみがしら》**　小十人頭に属して、将軍の御輿を徒で警護する小十人二十名を統括。

63 **小十人《こじゅうにん》**　将軍外出のさい御輿を徒で警護する。小姓番・大番などより格下。

64 **納戸頭《なんどがしら》**　将軍の金銀を管理する納戸衆を統括する職。

65 **納戸組頭《なんどくみがしら》**　納戸頭に属して、将軍の金銀を管理する納戸衆を支配する職。

66 **納戸《なんど》**　将軍が使用する金銀や調度類を管理し、その出納を担当する職。

67 **船手《ふなて》**　幕府の艦船の管理、海上輸送の事務を担当。向井《むかい》家が船手頭を世襲。

68 **御召御船上乗役《おめしおふねうわのりやく》**　船手の属僚として幕府の水軍に関する職務にたずさわる。

69 **水主同心《かこどうしん》**　船手に属し、幕府の船舶の管理や海上運輸事務を担当。定員三十名。

70 **二丸留守居《にのまるるすい》**　江戸城二の丸の留守居役で、二の丸の総責任者。

71 **二丸同心《にのまるどうしん》**　二丸留守居役の属僚。

72 **二丸小人《にのまるこびと》**　二丸留守居役の属僚。

73 **腰物奉行《こしものぶぎょう》**　将軍の刀および大名に下賜する刀を管理する腰物方を統括する職。

74 **腰物方《こしものかた》**　将軍の刀、および諸大名に下賜する刀をつかさどる職。

75 **鷹匠頭《たかじょうがしら》**　鷹方の責任者として、法衣《ほうい》着用を許された。定員二名で世襲。

76 **鷹匠組頭**《たかじょうくみがしら》 一七一六年に創設。鷹匠頭に属し鷹匠を管理。定員は一名。後四名。

77 **鷹匠**《たかじょう》 将軍の鷹を飼育し、鳥獣捕獲術を仕込む。雑司《ぞうし》ヶ谷《や》鷹部屋等に居住。

78 **奥詰儒者**《おくづめじゅしゃ》 将軍の侍講をおこなう儒学者。

79 **賄頭**《まかないがしら》 表・奥の台所等で扱う食料品を供給するほか、御膳や椀、家具類をつかさどる。旗本の職で役高二百石。役料二百俵。

80 **賄組頭**《まかないくみがしら》 料理の指図をおこなう。御家人の職。役高三十俵。役料百俵。

81 **賄方**《まかないがた》 将軍や諸役人の食膳のすべてをつかさどる職。

82 **賄陸尺頭**《まかないろくしゃくがしら》 賄方の役人。定員は四名。

83 **賄調役**《まかないしらべやく》 料理調査および将軍家の好き嫌い調査。役高三十俵。役料七十俵。

84 **賄吟味役**《まかないぎんみやく》 料理を吟味してその善し悪しを判断。役高二十俵。役料五十俵。

85 **賄改役**《まかないあらためやく》 賄吟味役の属僚。定員三名。

86 **賄勘定役**《まかないかんじょうやく》 定員四名。賄方の会計を担当する職。

87 **奥右筆組頭**《おくゆうひつくみがしら》 奥右筆のリーダーで定員三名。自己の意見を幕閣に反映でき権威大。

88 **奥右筆**《おくゆうひつ》 政務に関する機密書類の作成を担当。定員は十三名。権威は高い職。

89 **表右筆組頭**《おもてゆうひつくみがしら》 若年寄に属し、表右筆を統括するリーダー。

90 **表右筆**《おもてゆうひつ》 幕府の書類作成を担当。機密事項に関与しないので奥右筆より格下。

91 **細工頭**《さいくがしら》 幕府の細工物・調度類を担当する細工所のリーダー。

92 **細工所同心**《さいくじょどうしん》 幕府の細工所に勤務する職。細工頭の指示をうける。

93 **吹上奉行**《ふきあげぶぎょう》 江戸城吹上の庭をつかさどる職。

94 **吹上筆頭役**《ふきあげひっとうやく》 吹上奉行の属僚として、吹上の庭園の管理や手入れを担当する職。

95 **膳奉行**《ぜんぶぎょう》 毎日の膳（料理）をつかさどる職。

将軍の毒味役も担当。

96 **書物奉行**《しょもつぶぎょう》　幕府の紅葉山文庫の管理。蔵書の分類や整理・保存も職掌の一。

97 **材木石奉行**《ざいもくいしぶぎょう》　幕府や将軍家に関係する建築材料、主に木材の買収・運送を担当。

98 **同朋頭**《どうぼうがしら》　将軍の外出に従い、幕閣と諸大名の取次をする職。定員二～三名。

99 **同朋**《どうぼう》　同朋頭の属僚。幕閣と諸大名・役人の取り次ぎ担当。定員七～八名。

100 **奥坊主組頭**《おくぼうずくみがしら》　同朋に属して中奥に勤務する坊主を統括する職。

101 **奥坊主**《おくぼうず》　中奥に勤務する坊主。百三十人以上いた。

102 **表坊主組頭**《おもてぼうずくみがしら》　殿中で諸大名・役人の給仕を担当する表坊主を統括する職。

103 **表坊主**《おもてぼうず》　殿中表向で諸大名・役人の給仕を担当。二百三十人以上いた。

104 **奥陸尺**《おくろくしゃく》　奥坊主に属して中奥の掃除、物品運びを担当。十五俵高一人半扶持。

105 **表陸尺**《おもてろくしゃく》　表坊主の格下。持高持扶持。

106 **馬預**《うまあずかり》　幕府や将軍家の馬を管理し、馬具の修繕に関する事務も担当。

107 **鳥見組頭**《とりみくみがしら》　鳥見のリーダー。六つの鷹場の巡検をおこないながら隠密活動を展開。

108 **天文方**《てんもんかた》　天文暦学の研究、測量の実施、地誌編纂などをおこなう。渋川《しぶかわ》家ら八家の世襲。

109 **数寄屋頭**《すきやがしら》　数寄屋坊主を統括し、茶器、茶礼など茶の湯をつかさどる職。

110 **露地之者**《ろじのもの》　数寄屋頭の配下にあり、茶室の庭（露地）の掃除などを担当。十俵高一人扶持。

111 **数寄屋坊主**《すきやぼうず》　数寄屋頭の属僚として茶事一切を担当。二十俵二人扶持。

## おわりに

本書は、鎌倉幕府・室町幕府・江戸幕府という三大幕府を取り上げ、その組織や制度を解説してきた。

それぞれ政権の拠点は鎌倉・京都・江戸と異なるが、武士が支配層として政権の中枢を担っていた。

ただ、本文中で述べたとおり、源頼朝《みなもとのよりとも》が朝廷と別の政権（鎌倉幕府）をつくろうとしたかに関しては疑問がある。そもそも鎌倉幕府は朝廷（平氏政権）に対する反乱軍として始まり、東国の荘園や公領を勝手に押領して家来（御家人）に分配して紐帯を強化していた。

そんな頼朝の東国支配を朝廷（後白河《ごしらかわ》法皇）が追認したことで、あたかも東国に朝廷の別個の政府ができたようなかたちになったが、朝廷はあくまで頼朝の勢力を朝廷の軍事力とみなしており、頼朝も朝廷を凌駕しようとは思っていなかったという説が有力である。

さらに、承久の乱後も幕府と朝廷の二元政治が解消されたわけではなく、相変わらず朝廷や寺社が大きな力を持ち、幕府に属していない武士も多かった。このように統一政権と呼べる形態ではないことはすでに述べた通りである。

続く室町幕府は、その職制や組織は鎌倉幕府のそれを踏襲し、将軍になった足利《あしかが》氏も頼朝同様、源氏の名族であった。ただ、創設者の尊氏《たかうじ》と弟の直義《ただよし》は、政権の目指す方向が大きく異なっていた。直義は、鎌倉幕府の復古を願ったが、尊氏は柔軟で革新的な政権運営を志向した。

たとえば直義は、国を統治できる有能な武将を守護にすえようと考えたが、これは鎌倉幕府の伝統でもあった。しかし尊氏は、戦功の報賞として守護職に任じようとした。こうした両者の考え方の違いが、本文中で述べたように、観応《かんのう》の擾乱《じょうらん》になっていくわけだが、そもそも室町幕府は、成立早々から強大な南朝が存在したため、半世紀近くにわたって全国に支配力を及ぼすことはできなかった。

ようやく将軍が強大な権限を持つようになったのは南北朝を合一した三代義満《よしみつ》のとき。しかしその体制は、六代義教《よしのり》が播磨《はりま》の守護大名赤松満祐《あかまつみつすけ》に暗殺されたことで終わってしまった。以後、幕府の実権は管領や有力な守護大名が握り、応仁《おうにん》の乱後、幕府の力は畿内にしか及ばなくなり、将軍も二系統に分裂して戦国時代に突入してしまった。

ただ、室町幕府が安定していた時代でも、京都の将軍が均一的に全国を統治していたわけではない。本文でも言及したように、そもそも幕府の指示を受けて地方（各国）を支配するはずの守護は、任国へ赴かずに京都で暮らしていた。ちなみに、守護が現地へ赴いて地方の統治を強化するのは応仁の乱以後のことだとされる。

それに幕府は、遠国（関東・東北・九州）については、鎌倉府や九州探題に支配を一任してしまっていた。このように室町幕府は、そもそも地方をしっかり統治しようという発想自体が、鎌倉幕府より薄かったようだ。

いずれにせよ、鎌倉・室町両幕府は、全国に権力を浸透させて人びとを支配していたわけではないのである。

そういった意味で、江戸幕府が初めて日本全国津々浦々まで政治権力を浸透させた政権だといえるだろう。

豊臣秀吉《とよとみひでよし》は、関白・太政大臣という朝廷の最高職を背景に政権を樹立したが、頼朝を崇敬する家康《いえやす》は、源氏を将軍とする武家政権の伝統に固執したようだ。だから、幕府を開く前年、「徳川《とくがわ》は新田《にった》氏の末裔だ」として源姓に改めたうえ、家康は征夷大将軍を拝命したのである。

ただ、幕府開設後も、一大名になったとはいえ、豊臣家は秀吉以来の権威を保ち続けていた。家康も当初、この状態を容認していた。秀頼《ひでより》を関白とし「西国は豊臣、東国は徳川が支配する」という政権構想を抱いていたという説もある。実際、朝廷における秀頼の位階は、秀忠《ひでただ》より高く、家康に次いでいる。つまり、秀頼が関白になる可能性は十分あったのである。しかし結局、家康は政権運営の障害になると判断、大坂の陣で豊臣を消滅させた。

さて、家康は江戸に幕府をつくったといわれるが、そもそも政権の拠点を江戸に置こうと考えたかどうかは、判断が分かれるところである。むしろ当初は、伏見城や二条城など上方を考えていた形跡がある。実際、晩年になっても家康は、駿府《すんぷ》で政務を執り続けていた。そういった意味では、秀忠の時代になってようやく、幕府の拠点は江戸になったといえるだろう。

なお、鎌倉・室町両幕府と異なり、江戸幕府は権力を全国に浸透させたといったが、諸大名を統制したものの、その領国支配については基本的に介入しなかった。そういった意味で、江戸幕府も地方分権的な政権だといえるかもしれない。また、幕領内の村や町についても、原則、構成員の自治を認めていた。

人びとを一元的に統治・管理するようになったのは、明治政府からである。

いずれにせよ、本書を読んで、一口に幕府（武家政権）といっても、三者三様であったことを理解していただけただろう。おそらく、このように三つの幕府の制度やしくみを一冊にまとめた一般向けの書籍はないはず。ぜひ本書を手元において、時代小説や時代劇、大河ドラマを楽しんでいただければと思っている。

二〇二三年九月　　河合　敦

【主要参考文献】

川合康著『院政期武士社会と鎌倉幕府』（吉川弘文館）
元木泰雄著『源頼朝』（中公新書）
山本幸司著『日本の歴史09　頼朝の天下草創』（講談社学術文庫）
菱沼一憲著『中世武士選書38　源頼朝　鎌倉幕府草創への道』（戎光祥出版）
義江彰夫著『鎌倉幕府守護職成立史の研究』（吉川弘文館）
石井進著『石井進の世界⑤　中世のひろがり』（山川出版社）
磯貝富士男著『中世の農業と気候』（吉川弘文館）
山田徹・谷口雄太・木下竜馬・川口成人著『鎌倉幕府と室町幕府』（光文社新書）
岡田清一著『北条義時』（ミネルヴァ書房）
田中大喜編著『図説　鎌倉幕府』（戎光祥出版）
大藪海著『列島の戦国史②　応仁・文明の乱と明応の政変』（吉川弘文館）
大島延次郎著『関所　その歴史と実態』（新人物往来社）
髙橋昌明著『平安京・京都研究叢書3　洛中洛外　京は〝花の都〟か』（文理閣）
田端泰子著『室町将軍の御台所　日野康子・重子・富子』（吉川弘文館）
丸山裕之『図説　室町幕府』（戎光祥出版）
竹内誠編『徳川幕府事典』（東京堂出版）
大石学編『江戸幕府大事典』（吉川弘文館）
櫻井陽子著「頼朝の征夷大将軍任官をめぐって――『三槐荒涼抜書要』の翻刻と紹介――」（『明月記研究』九

号所収）

岩田慎平著「頼朝の征夷大将軍就任をめぐる『平家物語』と『吾妻鏡』―『吾妻鏡』建久三年七月二十六日条・二十九日条について―」（『立命館文學』六五四号所収）

河合　敦 かわい・あつし
1965年、東京都生まれ。歴史作家。多摩大学客員教授。早稲田大学非常勤講師。青山学院大学文学部史学科卒業。早稲田大学大学院博士課程単位取得満期退学（日本史専攻）。テレビ番組「歴史探偵」(NHK総合)他に出演。著書に『徳川15代将軍 解体新書』『お札に登場した偉人たち21人』『江戸500藩全解剖』『徳川家康と９つの危機』『日本史の裏側』など多数。

朝日新書
927
日本三大幕府《にほんさんだいばくふ》を解剖《かいぼう》する
鎌倉・室町・江戸幕府の特色と内幕

2023年10月30日第１刷発行

著　者　河合　敦

発行者　宇都宮健太朗
カバーデザイン　アンスガー・フォルマー　田嶋佳子
印刷所　TOPPAN株式会社
発行所　朝日新聞出版
〒104-8011　東京都中央区築地 5-3-2
電話　03-5541-8832（編集）
　　　03-5540-7793（販売）

Published in Japan by Asahi Shimbun Publications Inc.
ISBN 978-4-02-295236-3
定価はカバーに表示してあります。

落丁・乱丁の場合は弊社業務部(電話03-5540-7800)へご連絡ください。
送料弊社負担にてお取り替えいたします。

## 学校がウソくさい
新時代の教育改造ルール

藤原和博

学校は社会の縮図。その現場がいつの時代にもましてウソくさくなっている。特に公立の義務教育の場が著しい。社会からの十重二十重のプレッシャーで虚像になってしまった学校の実態に、「原点回帰」の処方を示す。教育改革実践家の著者によるリアルな提言書!

## 人口亡国
移民で生まれ変わるニッポン

毛受敏浩

〝移民政策〟を避けてきた日本を人口減少の大津波が襲っている。GDP世界3位も30年後には8位という並の国に。まだ日本に魅力が残っている今、外国人から移民先として選ばれる政策をはっきりと打ち出し、この国を支える人たちを迎え入れてこそ将来像が描ける。

## マッチング・アプリ症候群
婚活沼に棲む人々

速水由紀子

婚活アプリで1年半に200人とマッチングしてみたところ、「富豪イケオジ」「筋モテ」「超年下」「写真詐欺」「ヤリモク」……〝婚活沼〟の底には驚くべき生態が広がっていた! 合理的なツールか、やはり危険な出会い系なのか。「2人で退会」の夢を叶えるための処方箋とは。

## 問題はロシアより、むしろアメリカだ
第三次世界大戦に突入した世界

エマニュエル・トッド
池上 彰

世界の頭脳であるフランス人人口学者のエマニュエル・トッド氏と、ジャーナリストの池上彰氏が、ウクライナ戦争後の世界を読み解く。覇権国家として君臨してきたアメリカの力が弱まり、多極化、多様化する世界が訪れる——。全3日にわたる白熱対談!

## 高校野球　名将の流儀
世界一の日本野球はこうして作られた

朝日新聞スポーツ部

WBC優勝で世界一を証明した日本野球。その「心・技・体」の基礎を築いた高校野球の名監督たちの哲学に迫る。村上宗隆、山田哲人など、WBC優勝メンバーへの教えも紹介。松井秀喜や投手時代のイチローなど、球界のレジェンドたちの貴重な高校時代も。

## 「深みのある人」がやっていること

齋藤　孝

老境に差し掛かるころには、人の「深み」の差は歴然と表れる。そして深みのある人は周囲から尊敬を集める。だが、そもそも深みとは何なのか。「あの人は深い」と言われる人が持つ考え方や習慣とは。深みの本質と出し方を、人気教授が解説。

## 天下人の攻城戦
15の城攻めに見る信長・秀吉・家康の智略

渡邊大門／編著

信長の本願寺攻め、秀吉の備中高松城水攻め、真田丸の攻防をはじめ、戦国期を代表する15の攻城戦を徹底解剖！「城攻め」から見えてくる3人の天下人の戦術・戦略とは？　最新の知見をもとに、第一線の研究者たちが合戦へと至る背景、戦後処理などを詳説する。

## 新しい戦前
この国の〝いま〟を読み解く

内田　樹
白井　聡

「新しい戦前」ともいわれる時代を〝知の巨人〟と〝気鋭の政治学者〟は、どのように捉えているのか。日本政治と暴力・テロ、防衛政策転換の落とし穴、米中対立やウクライナ戦争をめぐる日本社会の反応など、歴史の転換期とされるこの国の〝いま〟を考える。

朝日新書

## 動乱の日本戦国史
### 桶狭間の戦いから関ヶ原の戦いまで
呉座勇一

教科書や小説に描かれる戦国時代の合戦は疑ってかかるべし。信長の鉄砲三段撃ち（長篠の戦い）、家康の問鉄砲（関ヶ原の戦い）などは後世の捏造だ！　戦国時代を象徴する六つの戦いについて、最新の研究結果を紹介し、その実態に迫る！

## プア・ジャパン
### 気がつけば「貧困大国」
野口悠紀雄

かつて「ジャパン・アズ・ナンバーワン」とまで称されたわが国は大きく凋落し、購買力は1960年代のレベルまで下落した。経済大国から貧困大国に変貌しつつある日本経済の現状と復活策を、60年間世界をみつめた経済学の泰斗が明らかにする。

## 鵺《ぬえ》の政権
### ドキュメント岸田官邸620日
朝日新聞政治部

朝日新聞大反響連載、待望の書籍化！　岸田政権の最大の危うさは「状況追従主義」にある。ビジョンと熟慮に欠け求心力がない。稚拙な政策のツケはやがて国民に及ぶ。つかみどころのない〝鵺〟のような虚像の正体に迫る渾身のルポ。

## よもだ俳人子規の艶
夏井いつき
奥田瑛二

34年の短い生涯で約2万5千もの俳句を残した正岡子規。中には遊里や遊女を詠んだ句も意外に多く、ユーモアや反骨精神、ダンディズムなどが味わえる。そんな子規俳句を縦横無尽に読み込む、松山・東京・道後にわたる全三夜の子規トーク！

## 人類滅亡2つのシナリオ
### AIと遺伝子操作が悪用された未来
小川和也

急速に進化する、AIとゲノム編集技術。画期的な技術ゆえ、制度設計の不備に〝悪意〟が付け込めば、人類の未来は大きく暗転する。「デザイナーベビーの量産」、「〝超知能〟による支配」……。想定しうる最悪な未来と回避策を示す。